DIRECTIONS
POUR
LA CONSCIENCE
D'UN ROI,
COMPOSE'ES
POUR L'INSTRUCTION
DE
LOUIS DE FRANCE,
DUC DE BOURGOGNE,
PAR MESSIRE

François de Salignac de la Mothe-
Fenelon, Archevesque-Duc de
Cambrai, son Precepteur.

Et nunc Reges intelligite : Erudimini qui judicatis
Terram. Pſalm. II. 10.

A LA HAYE,
Chez JEAN NEAULME,
M. DCC. XLVIII.

AVERTISSEMENT
DE
L'ÉDITEUR.

LE petit, mais très-excellent, Ouvrage n'avoit nullement été composé pour être publié, mais simplement pour servir en manuscrit à l'Instruction particuliere d'un très-grand Prince, aussi-bien que le *Télémaque* du même Auteur, dont on sait que le Public n'est

redevable qu'à l'heureuse su-
percherie d'un Domestique in-
fidele [1] : & ce n'est vraissem-
blablement que par le même
moyen, qu'on a pareillement

(1) M. DE RAMSEY, Histoire de la Vie
de François de Salignac de la Mothe-
Fenelon, (*né à Fenelon en Périgord, le
6. d'Août 1651. fait Précepteur des Enfans de France, en Septembre 1689. nom-
mé Archevéque de Cambrai en 1694. &
mort en cette Ville le 7. de Janvier 1715.*)
imprimée à la Haye, chez Vaillant, en
1723. in-8°. *page. 87.* Bibliotheque Bri-
tannique, *Tome XIX. pag. 53 , 55 , 76.*
où l'on trouvera une exacte & curieuse No-
tice Historique & Critique du *Télémaque*
& de ses differentes Editions & Traduc-
tions.

ob-

obtenu des copies des préfentes DIRECTIONS.

QUOI QU'IL EN SOIT, celle,
fur laquelle je les publie aujourd'hui, avoit été faite fur
une qui fortoit de l'Hôtel de
Beauvillier [I] : & je la donne

(I) PAUL DE BEAUVILLIER , *Duc de
Saint-Aignan, né le 24. d'Octobre 1648.
& mort le 31. d'Août 1714. étoit lié d'une
amitié très-étroite avec Monfieur* DE CAM-
BRAI. *Il étoit* Gouverneur , *comme lui*
Précepteur, *des trois Enfans de France,
Petits-Fils de* LOUIS XIV. favoir : LOUIS ,
Duc de Bourgogne, & *puis* Dauphin ;
PHILIPPE, Duc d'Anjou, *né à Verfailles,
le 19. de Décembre 1683. déclaré* Roi
d'Efpagne *le 17. de Novembre 1700.* &
mort à Madrid au Buen-Retiro, le 9. de

* iij   ici,

ici , avec la plus scrupuleuse exactitude , telle que je l'ai trouvée, sans y avoir changé la moindre chose , & sans même avoir voulu y rectifier certaines petites négligences & irrégularités de langage , venues sans doute de l'inexactitude & de la précipitation des Copistes.

TELLES sont, par exemple, celles-ci : pag. 6. *passent*

Juillet 1746. & CHARLES, Duc de Berri , né à Versailles , le 31. d'Août 1686. & mort à Marli , le 4. de Mai 1714.

pour

pour *l'ordinaire* pour *les plus
légeres* ; Répétition & Caco-
phonie, que *d'ordinaire*, au lieu
du premier *pour*, auroit aifé-
ment fait difparoître : page 7,
faire courtement *la guerre* ;
Adverbe, non feulement irré-
gulier, mais même abfolument
inufité, qu'il n'eft nullement
croyable, qu'un Ecrivain auffi
exact que Monfieur DE CAM-
BRAI ait jamais emploïées:pag.
33 & 34, quatre *mais* confé-
cutifs, qui n'embarraffent pas
peu le Difcours.

L'Ouvrage n'en eſt pourtant, ni moins important, ni moins utile au Bien Public : & j'oſe bien avancer, ſans aucune crainte d'en être déſavoué, que, parmi tous ceux qui ont jamais été faits, tant pour l'Inſtruction des Souverains en général, que pour celle des Rois de France en particulier, & dont le célebre Claude Joly, Chantre de l'Egliſe de Paris, nous a donné une ſi curieuſe & ſi intéreſſante Enumération dans la Préface de ſon

ex-

excellent *Codicile d'Or* , re-
cueilli pour l'Inftruction de M.
le Dauphin, Fils de Louis XIV,
mais dont de malheureuses in-
trigues & cabales de Cour em-
pêcherent l'ufage & le fruit ;
que parmi toutes ces *inftitutions*, dis-je , il n'y en a pas
une feule, que celle-ci n'effa-
ce, & ne furpaffe de bien loin.

EN-EFFET , de toutes ces
Inftitutions, les unes font trop
longues & trop étendues , &
les autres trop courtes & trop
refferrées; les unes trop fimples,
&

droiture & de candeur, que le
fait ici feu Monfieur de CAM-
BRAI : & l'on peut très-vérita-
blement affirmer, qu'il ne s'ex-
prime point *en paraboles* [1],
& qu'il a réellement & de fait
mis *la co'grée à la racine de l'ar-*
bre [2].

CE feroit donc, non feulement un grand dommage,mais
même un très-grand malheur,
qu'un fi rare & fi précieux *ta-*
lent reftât plus long-tems [3]

(1) Jean XVI. 25.
(2) Matthieu III. 10. Luc III. 9.
(2) Matthieu XXV. 18. 25.

en-

enfoui, qu'une fi vive & fi brillante *lumiere* demeurât plus long-tems *fous le boiffeau* [1], & qu'une fi excellente & fi né- ceffaire *inftitution* tardât plus long-tems à produire les heu- reux & juftes effets qu'en efpé- roit avec tant de raifon fon il- luftre & très - refpectable au- teur.

C'est auffi le feul & unique but, que je me fuis propofé, en la mettant actuellement au jour : & je me trouverois très

(1) Matthieu V. 15.

bien

bien récompensé de mes soins;
si un heureux succès pouvoit
effectivement répondre à mon
attente.

DIEU le veuille, enfin, tant
pour l'honneur & la gloire des
Souverains, que pour le sou-
lagement & le repos des peuples !

FELIX DE SAINT-GERMAIN.

Ce 11. de
Mars 1747.

DI-

DIRECTIONS
POUR
LA CONSCIENCE
D'UN ROI

INTRODUCTION.

PERSONNE ne souhaite plus que moi, MONSEI-GNEUR, que vous soyez un très-

A   grand

grand nombre d'années loin des
périls inséparables de la Royauté.
Je le souhaite par zele pour la
conservation de la personne sacrée
du Roi, si nécessaire à son Royaume, & celle de Monseigneur le
Dauphin (*). Je le souhaite pour
le bien de l'Etat. Je le souhaite
pour le vôtre même : car, un des
plus grands malheurs, qui vous
pût arriver, seroit d'être Maître
des autres, dans un âge où vous
l'êtes encore si peu de vous même.
Mais, il faut vous préparer de
loin aux dangers d'un Etat, dont
je prie Dieu de vous préserver

_____

(*) LOUIS DE FRANCE, *Fils de* LOUIS XIV.
*né à Fontainebleau, le 1 de Novembre 1661. &
mort à Meudon, le 14 d'Avril 1711.*

jusqu'à

jufqu'à l'âge le plus avancé de la Vie. La meilleure maniere de faire connoître cet Etat à un Prince, qui craint Dieu, & qui aime la Religion, c'eſt de lui faire un *Examen de Conſcience* ſur les devoirs de la Royauté : & c'eſt ce que je vais tâcher de faire.

DIRECTION I.

Connoiſſez-vous aſſez toutes les vérités du Chriſtianiſme? Vous ferez jugé ſur l'Eyangile comme le moindre de vos Sujets. Etudiez-vous vos devoirs dans cette loi Divine? Souffririez-vous, qu'un Magiſtrat jugeât tous les jours les Peuples en votre nom, ſans ſavoir vos Loix & vos Ordonnances,

A 2   qui

qui doivent être la regle de ſes
Jugemens ? Eſpérez - vous , que
Dieu ſouffrira , que vous ignoriez
ſa Loi , ſuivant laquelle il veut
que vous viviez , & que vous gou-
verniez ſon Peuple ? Liſez-vous
l'Evangile ſans curioſité , avec une
docilité humble , dans un Eſprit
de pratique , & vous tournant
contre vous-même pour vous con-
damner dans toutes les choſes que
cette Loi reprendra en vous ?

DIRECTION II.

Ne vous êtes-vous point ima-
giné , que l'Evangile ne doit point
être la regle des Rois , comme
celle de leurs Sujets ; que la Politique les diſpenſe d'être humbles ,
juſtes ,

juſtes, ſinceres, modérés, com-
patiſſans, prêts à pardonner les in-
jures ? Quelque lâche & corrompu
flateur ne vous a-t'il point dit,
& n'avez-vous point été bien-aiſe
de croire, que les Rois ont beſoin de ſe gouverner, pour leurs
Etats, par certaines maximes de
hauteur, de dureté, de diſſimu-
lation, en s'élevant au-deſſus des
regles communes de la Juſtice &
de l'humanité ?

DIRECTION III.

N'avez-vous point cherché les
Conſeillers en tout genre les plus
diſpoſés à vous flater dans vos
maximes d'ambition, de vanité,
de faſte, de moleſſe, & d'artifi-

ce ?

ce ? N'avez-vous point eu peine à croire les hommes fermes & défintéreflés, qui, ne defirant rien de vous, & ne fe laiffant point éblouïr par votre Grandeur, vous auroient dit avec refpect toutes vos vérités; & vous auroient contredit, pour vous empêcher de faire des fautes?

DIRECTION IV.

N'avez-vous pas été bien-aife, dans les replis les plus cachés de votre cœur, de ne pas voir le bien, que vous n'aviez pas envie de faire, parce qu'il vous en auroit trop coûté pour le pratiquer : & n'avez-vous point cherché des raifons pour excufer le mal auquel votre inclination vous portoit?   DI-

DIRECTION V.

N'avez-vous point négligé la Priere, pour demander à Dieu la connoiſſance de ſes volontés ſur vous? Avez-vous cherché, dans la Priere, la Grace pour profiter de vos lectures? Si vous avez négligé de prier, vous vous êtes rendu coupable de toutes les ignorances où vous avez vécu, & que l'eſprit de Priere vous auroit ôtées. C'eſt peu de lire les vérités éternelles, ſi on ne prie pour obtenir le don de les bien entendre. N'ayant pas bien prié, vous avez mérité les ténebres où Dieu vous a laiſſé ſur la correction de vos défauts, & ſur l'accompliſſement de

A 4 vos

vos devoirs. Ainſi , la négligence, la tiédeur , & la diſtraction volontaire ; dans la Priere , qui paſſent pour l'ordinaire pour les plus légéres de toutes les fautes, ſont néantmoins la vraie ſource de l'ignorance , & de l'aveuglement funeſte ; où vivent la plûpart des Princes.

DIRECTION VI.

Avez-vous choiſi , pour votre Conſeil de Conſcience, les hommes les plus pieux , les plus fermes , & les plus éclairés , comme on cherche les meilleurs Généraux d'armée pour commander pendant la guerre , & les meilleurs Medecins quand on eſt malade ? Avez-vous compoſé ce Conſeil

de

de Conscience de plusieurs personnes, afin que l'une puisse vous
préserver des préventions de l'autre ; parce que tout homme, quelque droit & habile qu'il puisse
être, est toûjours capable de prévention ? Avez-vous donné à ce
Conseil une entiere liberté de
vous découvrir, sans adoucisse-
ment, toute l'étendue de vos obli-
gations de Conscience ?

DIRECTION VII.

Avez-vous travaillé à vous ins-
truire des Lois, Coûtumes &
Usages du Royaume ? Le Roi est
le premier Juge de son Etat. C'est
lui, qui fait les Lois. C'est lui,
qui les interprete dans le besoin.
C'est

partage dans votre Conſeil, où votre avis doit décider, ne fuſ-ſiez-vous-là que comme un Préſi-dent de Compagnie ; de plus, vous êtes-là le ſeul vrai Juge. Vos Conſeillers d'État, ou Miniſtres, ne ſont que de ſimples Conſul-teurs. C'eſt vous ſeul, qui décidez effectivement. La voix d'un ſeul homme de bien, éclairé, doit ſou-vent être préférée à celle de dix Juges timides & foibles, ou en-têtés & corrompus. C'eſt le cas où l'on doit plutôt peſer que comp-ter les voix.

DIRECTION VIII.

Avez-vous étudié la vraie for-me du Gouvernement de votre Royaume ?

Royaume ? Il ne suffit pas de savoir
les Lois qui reglent la propriété
des terres & autres biens, entre
les Particuliers : c'est, sans doute,
la moindre partie de la Justice.
Il s'agit de celle que vous devez
garder entre votre Nation & vous,
entre vous & vos voisins. Avez-
vous étudié férieusement ce qu'on
nomme le *Droit des Gens* : Droit,
qu'il est d'autant moins permis à
un Roi d'ignorer, que c'est le
Droit qui regle sa conduite dans
ses plus importantes fonctions ; &
que ce Droit se réduit aux principes les plus évidens du Droit
naturel pour le genre humain ?
Avez-vous étudié les Lois fondamentales, & les Coûtumes conf-

tantes,

Savez-vous le nombre d'hommes, qui compofent votre nation; combien d'Hommes, combien de Femmes; combien de Laboureurs, combien d'Artifans, combien de Praticiens, combien de Commerçans, combien de Prêtres & de Religieux, combien de Nobles & de Militaires? Que diroit-on d'un Berger, qui ne fauroit pas le nombre de fon troupeau? Il eft auffi facile à un Roi de favoir le nombre de fon Peuple: il n'a qu'à le vouloir. Il doit favoir, s'il y a affez de Laboureurs, s'il y a à proportion trop d'autres Artifans, trop de Praticiens, trop de Militaires, à la charge de l'Etat. Il doit connoître le naturel des ha-

bitans

bitans des différentes Provinces ;
leurs principaux ufages, leurs fran-
chifes ; leur commerce , & les
Lois de leurs divers trafics au dedans & au dehors du Royaume. Il
doit favoir quels font les divers
Tribunaux établis en chaque Province, les droits des charges ; les
abus de ces charges , &c. Autrement , il ne faura point la valeur
de la plûpart des chofes qui paffe-
ront devant fes yeux. Ses Miniftres lui impoferont fans peine à
toute heure : il croira tout voir ;
& ne verra rien qu'à demi. Un
Roi , ignorant fur toutes chofes ,
n'eft qu'à demi Roi. Son ignorance le met hors d'état de redreffer ce qui eft de travers. Son igno-

B   rance

rance fait plus de mal , que la corruption des hommes qui gouvernent fous lui.

DIRECTION X.

On dit d'ordinaire aux Rois , qu'ils ont moins à craindre leurs vices particuliers , que les défauts auxquels ils s'abandonnent dans les fonctions Royales. Pour moi , je dis hardiment le contraire : & je foutiens , que toutes leurs fautes dans la vie privée font d'une conféquence infinie pour la Royauté. Examinez donc vos mœurs en détail. Les Sujets font de ferviles imitateurs de leurs Princes ; furtout dans les chofes qui flattent leurs paffions. Leur avez-vous

donné

donné le mauvais exemple d'un
amour deshonnête & criminel :
Si vous l'avez fait ; votre autorité
a mis en honneur l'infamie. Vous
avez rompu la barriere de l'honneur & de l'honnêteté: Vous avez
fait triompher le vice & l'impu-
dence. Vous avez appris à tous vos
Sujets à ne rougir plus de ce qui
est honteux : leçon funeste ; qu'ils
n'oublieront jamais ! *Il vaudroit
mieux*, dit Jesus-Christ, *être jet-
té, avec une meule de moulin au
cou, au fond des abîmes de la mer,
que d'avoir scandalisé le moindre
des petits.* Quel est donc le scan-
dale d'un Roi, qui montre le vice
assis avec lui sur son Throne, non
seulement à tous ses Sujets, mais

encore à toutes les Cours, & à toutes les Nations du monde connu? Le vice eſt par lui-même un poiſon contagieux. Le genre humain eſt toûjours prêt à recevoir cette contagion : il ne tend , par ſes inclinations , qu'à ſecoüer le joug de toute pudeur. Une étincelle cauſe un incendie. Une action d'un Roi fait ſouvent une multiplication & un enchaînement de crimes , qui s'étendent juſqu'à pluſieurs Nations & à pluſieurs ſiecles. N'avez-vous point donné de ces mortels exemples ? Peut-être croyez-vous , que vos déſordres ont été ſecrets. Non : le mal n'eſt jamais ſecret dans les Princes. Le bien peut y être ſecret ;

secret ; car, on a grande peine à le croire véritable en eux : mais, pour le mal, on le devine, on le croit fur les moindres foupçons. Le Public pénetre tout : & , fouvent, pendant que le Prince fe flatte que fes foibleffes font ignorées , il eft le feul qui ignore combien elles font l'objet de la plus maligne critique. En lui , tout commerce équivoque eft fujet à explication : toute apparence de galanterie , tout air paffionné ou amufé , caufe un fcandale, & porte coup pour altérer les mœurs de toute une Nation.

DI-

DIRECTION XI.

N'avez-vous point autorifé une liberté immodefte dans les femmes? Ne les admettez-vous dans votre Cour, que pour le vrai befoin? N'y font-elles qu'auprès de la Reine, ou des Princeffes de votre maifon? Choififfez - vous, pour ces places, des femmes d'un âge mûr, & d'une vertu éprouvée? Excluez-vous, de ces places, les jeunes femmes d'une beauté qui feroit un piége pour vous, & pour vos courtifans? Il vaut mieux que de telles perfonnes demeurent dans une vie retirée, au milieu de leur famille, loin de la Cour. Avez-vous exclus de votre

Cour

Cour toutes les Dames qui n'y font point néceſſaires dans les places auprès des Princeſſes? Avez-vous foin de faire en forte, que les Princeſſes elles-mêmes foient modeſtes, retirées, & d'une conduite réguliere en tout? En diminuant le nombre des femmes de la Cour, & en les choifiſſant le mieux que vous pouvez, avez-vous foin d'écarter celles qui introduifent des libertés dangereufes, & d'empêcher que les courtifans corrompus ne les voyent en particulier, hors des heures où toute la Cour fe raſſemble? Toutes ces précautions paroiſſent maintenant des fcrupules & des févérités outrées. Mais, fi on re-

monte

monte aux tems qui ont précédé
FRANÇOIS I , on trouvera, qu'a-
vant la licence fcandaleufe intro-
duite par ce Prince , les femmes
de la premiere condition , fur-
tout celles qui étoient jeunes &
belles , n'alloient point à la Cour.
Tout au plus , elles y paroiffoient
très-rarement , pour aller rendre
leurs devoirs à la Reine : enfuite ,
leur honneur étoit de demeurer à
la campagne dans leur famille.
Ce grand nombre de femmes , qui
vont librement partout à la Cour,
eft un abus monftrueux , auquel
on a accoutumé la Nation. N'a-
vez-vous point autorifé cette per-
nicieufe coûtume ? N'avez-vous
point attiré ou confervé, par quelque

que diſtinction dans votre Cour , quelque femme d'une conduite actuellement ſuſpecte, ou du moins qui a autrefois mal édifié le monde ? Ce n'eſt point à la Cour , que ces perſonnes profanes doivent faire pénitence. Qu'elles l'aillent faire dans des retraites , ſi elles ſont libres ; ou , dans leurs familles, ſi elles ſont attachées au monde , par leurs maris encore vivans. Mais, écartez de votre Cour tout ce qui n'a pas été régulier ; puiſque vous avez à choiſir parmi toutes les femmes de qualité de votre Royaume , pour remplir les places.

DI-

DIRECTION XII.

Avez-vous foin de réprimer le luxe , & d'arrêter l'inconftance ruineufe des modes? c'eft ce qui corrompt la plûpart des Femmes. Elles fe jettent , à la Cour , dans des dépenfes qu'elles ne peuvent foûtenir fans crime. Le luxe augmente en elles la paffion de plaire ; & leur paffion pour plaire fe tourne principalement à tendre des piéges au Roi. Il faudroit qu'il fût infenfible & invulnérable pour réfifter à toutes ces femmes pernicieufes qu'il tient autour de lui : c'eft une occafion toûjours prochaine, dans laquelle il fe met. N'avez-vous point fouffert , que

les

les perſonnes les plus vaines &
les plus prodigues, aient inventó
de nouvelles modes pour augmenter les dépenſes? N'avez-vous pas
vous-même contribué à un ſi grand
mal, par une magnificence excef-
ſive? Quoique vous ſoyez Roi,
vous devez éviter tout ce qui coûte
beaucoup, & que d'autres vou-
droient avoir comme vous. Il eſt
inutile d'alléguer que nul de vos
Sujets ne doit ſe permettre un ex-
térieur qui ne convient qu'à vous.
Les Princes qui vous touchent de
près, voudront faire à peu près ce
que vous faites. Les Grands Seigneurs ſe piqueront d'imiter les
Princes. Les Gentils-hommes voudront être comme les Seigneurs.

Les

Les Financiers furpafferont les Seigneurs - mêmes. Et tous les Bourgeois voudront marcher ſur les traces des Financiers, qu'ils ont vû ſortir de la boue. Perſonne ne ſe meſure & ne ſe fait juſtice. De proche en proche , le luxe paſſe , comme par une nuance imperceptible , de la plus haute condition à la lie du Peuple. Si vous avez de la broderie , bientôt tout le monde en portera. Le ſeul moyen d'arrêter tout court le luxe, c'eſt de donner vous même l'exemple , que Saint Loüis donnoit , d'une grande ſimplicité. L'avez-vous donné en tout , cet exemple ſi néceſſaire ? Il ne ſuffit pas de le donner en habits , il faut le donner

en

en meubles , en équipages , en table , en bâtimens , en terres , en jardins , en parcs , &c. Sachez comment les Rois vos Prédécéffeurs étoient logés & meublés ; fachez quels étoient leurs repas & leurs voitures ; & vous ferez étonné des prodiges de luxe où nous fommes tombés. Il y a aujourd'hui plus de caroffes à fix chevaux dans Paris qu'il n'y avoit de mules il y a cent ans. Chacun n'avoit point fa chambre : une feule chambre fuffifoit , avec plufieurs lits , pour plufieurs perfonnes. Maintenant chacun ne fe peut plus paffer d'appartemens vaftes & d'Enfilades. Chacun veut avoir des jardins où l'on renverfe toute

la

la terre , des jets-d'eau , des fta-
tues , des Parcs fans bornes , des
maifons dont l'entretien furpaffe
le revenu des terres où elles font
fituées. D'où tout cela vient-il ?
De l'exemple que les uns prennent fur les autres. L'exemple
feul peut redreffer les mœurs de
toute la Nation. Nous voyons même que la folie de nos modes eft
contagieufe chez tous nos voifins.
Toute l'Europe , fi jaloufe de la
France , ne peut s'empêcher de fe
foumettre férieufement à nos lois,
dans ce que nous avons de plus
frivole & de plus pernicieux. Encore une fois , telle eft la force de
l'exemple du Prince , qu'il peut
lui feul , par fa modération , ramener

mener au bon sens ses propres peuples & les peuples voisins. Puisqu'il le peut, il le doit sans doute. L'avez-vous fait?

DIRECTION XIII.

N'avez-vous point donné un mauvais exemple, ou pour des paroles trop libres, ou pour des railleries piquantes, ou pour des manieres indécentes de parler sur la Religion? Les Courtisans sont de serviles imitateurs, qui font gloire d'avoir tous les défauts du Prince. Avez-vous repris l'irréligion jusques dans les moindres mots par lesquels on vouloit l'insinuer? Avez-vous fait sentir votre sincere indignation contre l'impiété?

N'avez-

N'avez-vous rien laiſſé de douteux là-deſſus? N'avez-vous jamais été retenu par une mauvaiſe honte qui vous ait fait rougir de l'Evangile? Avez vous montré par vos diſcours & par vos actions, votre Foi ſincere, & votre zélé pour le Chriſtianiſme? vous êtes-vous ſervi de votre autorité pour rendre l'irreligion muette? Avez-vous écarté, avec horreur, les plaiſanteries mal-honnêtes, les diſcours équivoques, & toutes les autres marques de libertinage?

DIRECTION XIV.

N'avez-vous rien pris à aucun de vos Sujets par pure autorité & contre les regles? L'avez-vous dédomdommagé, comme un particulier l'auroit fait, quand vous avez pris fa maifon ou enfermé fon champ dans votre Parc, ou fupprimé fa charge, ou éteint fa rente ? Avez-vous examiné à fond les vrais befoins de l'Etat, pour les comparer avec l'inconvénient des taxes avant que de charger vos Peuples ? Avez-vous confulté, fur une fi importante queftion, les hommes les plus éclairés, les plus zélés pour le bien public, & les plus capables de vous dire la vérité fans flaterie ni molleffe ? N'avez-vous poi.ıt appellé *néceffité de l'Etat* ce qui ne fervoit qu'à flater votre ambition, comme une guerre pour faire des conquêtes, ou pour

C　　acquérir

acquérir de la gloire ? N'avez-vous point appellé *besoin de l'Etat* vos propres prétentions ? Si vous aviez des prétentions personnelles pour quelque succession dans les Etats voisins, vous deviez soutenir cette guerre sur votre domaine, sur vos épargnes, sur vos emprunts personnels ; ou du moins, ne prendre à cet égard que les secours qui vous auroient été donnés par la pure affection de vos peuples ; & non pas les accabler d'impôts, pour soûtenir des prétentions, qui n'intéressent point vos sujets : car, ils n'en seront pas plus heureux, quand vous aurez une Province de plus. Quand Charles VIII. alla à Naples, pour recueillir la succession

fion de la maifon d'Anjou, il en-
treprit cette guerre à fes dépens:
l'Etat ne fe crut point obligé aux
frais de cette entreprife. Tout au
plus, vous pourriez recevoir, en
de telles occafions, les dons des
peuples, faits par affection, & par
rapport à la liaifon qui eft entre
les intérêts d'une Nation zélée &
d'un Roi qui la gouverne en pere.
Mais felon cette vûe, vous feriez
bien éloigné d'accabler les peuples d'impôts pour votre intérêt
particulier.

DIRECTION XV.

N'avez-vous point toléré des injuftices, lors même que vous vous
êtes abftenu d'en faire? Avez-vous

C 2   choifi,

choifi, avec affez de foin, toutes
les perfonnes que vous avez mifes
en autorité, les Intendans, les
Gouverneurs, les Miniftres, &c.
N'en avez-vous choifi aucun par
condefcendance pour ceux qui vous
les propofoient, ou par un fecret
defir qu'ils pouffâffent au-delà des
vraies bornes votre autorité, ou
vos revenus? Vous êtes-vous in-
formé de leur adminiftration ?
Avez-vous fait entendre que vous
étiez prêt à écouter des plaintes
contre eux, & à en faire bonne
juftice ? L'avez-vous faite quand
vous avez découvert leurs fautes ?
N'avez-vous point donné, ou laiffé
prendre à vos Miniftres, des pro-
fits exceffifs que leurs fervices
n'a-

n'avoient point mérités ? Les ré-
compenfes que le Prince donne
à ceux qui fervent fous lui, doivent toûjours avoir certaines bornes. Il n'eſt point permis de leur
donner des fortunes qui furpaffent
celles des gens de la plus haute
condition , ni qui foient difpro-
portionnées aux forces préfentes
de l'Etat. Un Miniſtre, quelque
fervice qu'il ait rendu , ne doit
point parvenir tout-à-coup à des
biens immenfes , pendant que les
peuples fouffrent , & que les Princes & les Seigneurs du premier
rang font à l'étroit. Il eſt encore
moins permis de donner de telles fortunes à des Favoris , qui ,
d'ordinaire , ont encore moins
C 3   fervi

servi l'Etat, que les Miniftres,

DIRECTION XVI.

Avez - vous donné à tous les
Commis des Bureaux de vos Miniftres , & aux autres perfonnes
qui rempliffent les Emplois fub-
alternes , des appointemens rai-
fonnables pour pouvoir fubfifter
honnêtement fans rien prendre
des Expéditions ? En même-tems ,
avez-vous réprimé le luxe & l'ambition de ces gens-là ? Si vous y
avez manqué, vous êtes refpon-
fable de toutes les exactions fé-
cretes qu'ils ont faites dans leurs
fonctions. D'un côté , ils n'entrent
dans ces places, qu'en comptant
qu'ils y vivront avec éclat , &

qu'ils

qu'ils y feront de promptes fortunes. D'autre côté, ils n'ont d'ordinaire, en appointemens, que le tiers de l'argent qu'il leur faut pour la dépenfe honorable qu'ils font avec leurs familles. Ils n'ont d'ordinaire aucun bien par leur naiffance: que voulez-vous qu'ils faffent? Vous les mettez dans une efpece de néceffité de prendre en fecret tout ce qu'ils peuvent attraper fur l'expédition des affaires. Cela eft évident: & c'eft fermer les yeux de mauvaife foi, que de ne le pas voir. Il faudroit que vous leur donnaffiez davantage, & que vous les empêchaffiez de fe mettre fur un trop haut pié.

Direc-

DIRECTION XVII.

Avez-vous cherché les moyens de foulager les Peuples , & de ne prendre fur eux que ce que les vrais befoins de l'Etat vous ont contraint de prendre pour leur propre avantage? Le bien des peuples ne doit être employé qu'à la vraie utilité des peuples mêmes. Vous avez votre Domaine qu'il faut retirer & liquider : il eft deftiné à la fubfiftance de votre maifon. Vous devez modérer cette dépenfe ; fur-tout quand vos revenus de Domaine font engagés , & que les Peuples font épuifés. Les fubventions des Peuples doivent être employées pour les vraies

charges

charges de l'Etat. Vous devez vous étudier à retrancher, dans les tems de pauvreté publique, toutes les charges qui ne font pas d'une abfolue néceffité. Avez-vous confulté les perfonnes les plus habiles & les mieux intentionnées, qui peuvent vous inftruire de l'Etat des Provinces, de la culture des terres, de la fertilité des années dernieres, de l'état du commerce, &c. pour favoir ce que l'Etat peut payer fans fouffrir? Avez-vous réglé là-deffus les impôts de chaque année? Avez-vous écouté favorablement les remontrances des gens de bien? Loin de les réprimer, les avez-vous cherchées & prévenues, comme un bon Prince

ce le doit faire ? Vous savez qu'autrefois le Roi ne prenoit jamais
rien sur ses peuples par sa seule
autorité. C'étoit le Parlement,
c'est-à-dire, l'assemblée de la Nation qui lui accordoit les fonds
nécessaires pour les besoins ex-
traordinaires de l'Etat. Hors de
ce cas, il vivoit de son Domaine.
Qu'est-ce qui a changé cet ordre,
si-non l'autorité absolue que les
Rois ont prise ? De nos jours, on
voyoit encore les Parlemens, qui
font des Compagnies infiniment
inférieures aux anciens Parlemens
ou Etats de la Nation, faire des
remontrances pour n'enregîtrer pas
les Edits bursaux. Du moins devez-
vous n'en faire aucun, sans avoir
bien

bien confulté des perfonnes inca-
pables de vous flater , & qui aient
un véritable zéle pour le bien public. N'avez-vous point mis fur
les peuples de nouvelles chargés
pour foûtenir vos dépenfes fuper-
flues ; le luxe de votre table , de
vos équipages & de vos meubles ;
l'embelliffement de vos jardins ,
& de vos maifons ; les graces ex-
ceffives que vous avez accordées
à vos favoris ?

DIRECTION XVIII.

N'avez-vous point multiplié les
charges & les offices , pour tirer
de leur création de nouvelles fommes ? De telles créations ne font
que des impôts déguifés. Elles
tour-

tournent toutes à l'oppreſſion des Peuples, & elles ont trois inçon-véniens que les ſimples impôts n'ont pas. I. Elles ſont perpétuel-les quand on n'en fait pas le rem-bourſement : & ſi on en fait le rembourſement , ce qui eſt rui-neux pour vos Sujets, on recom-mence bien - tôt ces créations. II. Ceux qui achetent ces offices créés , veulent retrouver au plu-tôt leur argent avec uſure ; & vous leur livrez le peuple pour l'écor-cher. Pour cent mille francs qu'on vous donnera, par exemple , ſur une création d'offices , il en cou-tera aux peuples cinq çens mille francs de vexations, qu'il ſouffrira ſans remede. III. Vous ruinez, par

ces

ces multiplications d'offices, la bonne Police de l'Etat : vous rendez la Juſtice de plus en plus vénale ; vous rendez la réforme de plus en plus impraticable : vous obérez toute la Nation ; car, ces créations deviennent des eſpeces de dettes de la Nation entiere : enfin, vous réduiſez tous les arts & toutes les fonctions, à des monopoles qui gâtent & abâtardiſſent tout. N'avez - vous point à vous reprocher de telles créations, dont les ſuites feront pernicieuſes pendant pluſieurs ſiecles ? Le plus ſage & le meilleur de tous les Rois, dans un regne paiſible de cinquante ans, ne pourroit raccommoder ce qu'un Roi peut avoir

fait

fait de maux par ces fortes de créations en dix ans de guerre. N'avez-vous pas été trop facile pour des Courtiſans, qui, ſous prétexte d'épargner vos Finances dans les récompenſes qu'ils vous ont demandées, vous ont propoſé ce qu'on appelle des *affaires* ? Ces affaires ſont toûjours des impôts déguiſés ſur le Peuple, qui troublent la Police, qui énervent la Juſtice, qui dégradent les Arts, qui gênent le Commerce, qui chargent le Public pour contenter en peu de tems l'avidité d'un Courtiſan faſtueux & prodigue. Renvoyez vos Courtiſans paſſer quelques années dans leurs Terres pour raccommoder leurs affaires.

Appre-

'Apprenez leur à vivre avec frugalité. Montrez - leur que vous n'eſtimez que ceux qui vivent avec regle & qui gouvernent bien leurs affaires. Témoignez du mépris pour ceux qui ſe ruinent follement. Par-là vous leur ferez plus de bien , ſans qu'il en coûte un ſou , ni à vous , ni à vos peuples, que ſi vous leur prodiguiez tout le bien public.

DIRECTION XIX.

N'avez-vous jamais toléré & voulu ignorer , que vos Miniſtres aient pris le bien des particuliers pour votre uſage ſans payer ſa juſte valeur , ou du moins retardant le payement du prix , en ſorte que ce

retar-

retardement ait porté dommage
aux vendeurs forcés? C'eſt ainſi ,
que des Miniſtres prennent des
maiſons de particuliers pour les
enfermer dans les Palais des Rois
ou dans leurs fortifications. C'eſt
ainſi, qu'on dépoſſéde les proprié-
taires de leurs Seigneuries ou Fiefs,
ou Héritages pour les mettre dans
des parcs. C'eſt ainſi , qu'on éta-
blit des Capitaineries de chaſſe ,
où les Capitaines , accrédités auprès du Prince , ôtent la Chaſſe
aux Seigneurs dans leurs propres
Terres , juſqu'à la porte de leurs
Châteaux, & font mille vexations
au pays. Le Prince n'en fait rien ,
& peut-être n'en veut rien ſavoir.
C'eſt à vous à ſavoir le mal qu'on
fait

fait par votre autorité. Informez-
vous de la vérité. Ne fouffrez point
qu'on poulſe trop loin votre autorité. Ecoutez favorablement ceux
qui vous en repréſentent les bornes. Choiſiſſez des Miniſtres, qui
ofent vous dire en quoi on la poulſe
trop loin, Ecartez les Miniſtres
durs, hautains & entreprenans.

DIRECTION XX.

Dans les conventions que vous
faites avec les particuliers, êtes-
vous juſte comme ſi vous étiez
égal avec celui avec qui vous traitez ? Eſt-il libre avec vous comme
avec un de ſes voiſins ? N'aime-
t'il pas mieux ſouvent perdre ,
pour ſe racheter & pour ſe déli-

D   vrer,

vrer, que de foutenir fon droit ?
Vos Fermiers, vos Traitans, vos
Intendans, &c. ne tranchent-ils
pas avec une hauteur que vous
n'auriez pas vous même ; & n'é-
touffent - ils pas la voix du foible qui voudroit fe plaindre ? Ne
donnez-vous pas fouvent à l'homme avec qui vous contractez, des
dédommagemens en rentes , en
engagemens fur votre Domaine,
en charges de nouvelle création,
qu'un coup de plume de votre fuc-
cefleur peut lui retrancher ; parce que les Rois font toûjours mi-
neurs, & que leur domaine eft
inaliénable ? Ainfi on ôte aux particuliers leur patrimoine affuré ;
pour leur donner ce qui leur fera
ôté

ôté dans la fuite , avec une ruine inévitable de leurs familles.

DIRECTION XXI.

N'avez-vous point accordé aux Traitans , pour haufler leurs Fermes , des Edits , ou Déclarations, ou Arrêts , avec des termes ambigus , pour étendre vos droits aux dépens du commerce , & même pour tendre des piéges aux marchands , & pour confifquer leurs marchandifes , ou du moins les fatiguer & les gêner dans leur commerce , afin qu'ils fe rachettent par quelque fomme ? C'eft faire tort aux marchands , & au public , dont on anéantit peu-à-peu par-là tout le négoce.

DI-

DIRECTION XXII.

N'avez-vous point toléré des enrôlemens qui ne fuſſent pas véritablement libres ? Il eſt vrai, que les peuples ſe doivent à la défenſe de l'Etat. Mais les Princes ne doivent faire que des guerres juſtes, & abſolument néceſſaires : mais il faudroit qu'on choiſît en chaque village les jeunes hommes libres, dont l'abſence ne nuiroit en rien, ni au labourage, ni au commerce, ni aux autres arts néceſſaires, & qui n'ont point de famille à nourrir : mais il faudroit une fidélité inviolable à leur donner leur congé après un petit nombre d'années de ſervice ; enſorte que d'autres
tres

tres vinffent les relever & fervir
à leur tour. Mais laiffer prendre
des hommes fans choix , & malgré eux ; faire languir & fouvent
périr, toute une famille abandon-
née par fon chef; arracher le la-
boureur de fa charrue, le tenir
dix ou quinze ans dans le fervice,
où il périt fouvent de mifere dans
des Hôpitaux dépourvûs des fe-
cours néceffaires ; c'eft ce que rien
ne peut excufer , ni devant Dieu ,
ni devant les hommes.

DIRECTION XXIII.

Avez-vous eu foin de faire dé-
livrer chaque galérien d'abord
après le terme réglé par la Juftice
pour fa punition. L'Etat de ces

D 3   hommes

hommes eſt affreux : rien n'eſt plus inhumain, que de le prolonger au-delà du terme. Ne dites point, qu'on manqueroit d'hommes pour la Chiourme, ſi on obſervoit cette Juſtice : la Juſtice eſt préférable à la Chiourme. Il ne faut compter pour vraie & réelle puiſſance, que celle que vous avez ſans bleſſer la Juſtice, & ſans prendre ce qui n'eſt pas à vous.

DIRECTION XXIV.

Donnez-vous à vos troupes la paye néceſſaire pour vivre ſans piller ? Si vous ne le faites point, vous mettez vos troupes dans une néceſſité évidente de commettre les pillages & les violences, que

vous

vous faites semblant de leur défendre. Les punirez-vous, pour
avoir fait ce que vous savez bien
qu'ils ne peuvent pas s'empêcher
de faire, & faute de quoi votre
service seroit nécessairement d'a-
bord abandonné? D'un autre côté, ne les punirez-vous point, lors-
qu'ils commettront publiquement
des brigandages contre vos défen-
ses? Rendrez-vous les Lois mé-
prisables, & souffrirez-vous, qu'on
se joue si indignement de votre
autorité? Serez-vous manifeste-
ment contraire à vous-même ; &
votre autorité ne sera-t'elle qu'un
jeu trompeur, pour paroître réprimer les désordres, & pour vous
en servir à toute heure? Quelle
dis-

difcipline & quel ordre y a-t'il à efpérer dans des troupes, où les officiers ne peuvent vivre qu'en pillant les fujets du Roi, qu'en violant à toute heure fes ordonnances, qu'en prenant par force, & par tromperie, des hommes pour les enrôler ; & où les foldats mourroient de faim, s'ils ne méritoient pas tous les jours d'être pendus ?

DIRECTION XXV.

N'avez-vous point fait quelque injuftice aux nations étrangeres ? On pend un pauvre malheureux, pour avoir volé une piftole fur le grand chemin, dans fon befoin extrème : & on traite de Héros un homme

homme qui fait la conquête, c'eſt-
à-dire, qui ſubjugue injuſtement
les pays d'un Etat voiſin. L'uſurpation d'un pré, ou d'une vigne,
eſt regardée comme un péché irré-
miſſible au Jugement de Dieu,
à moins qu'on ne reſtitue : & on
compte pour rien l'uſurpation des
Villes & des Provinces. Prendre
un champ à un particulier eſt un
grand péché : prendre un grand
pays à une nation eſt une action
innocente & glorieuſe. Où ſont
donc les idées de juſtice ? Dieu
jugera-t'il ainſi ? *Exiſtimaſti iniquè
quod ero tui ſimilis*: Doit-on moins
être juſte en grand, qu'en petit ?
La Juſtice n'eſt-elle plus Juſtice,
quand il s'agit des plus grands intérêts ?

térêts ? Des millions d'hommes ,
qui compofent une nation , font-
ils moins nos freres, qu'un feul
homme ? N'aura-t'on aucun fcru-
pule de faire à des millions d'hommes pour un pays entier, l'injuftice
qu'on n'oferoit faire pour un pré
à un Homme feul ? Tout ce qui
eft pris par pure conquête eft donc
pris très-injuftement, & doit être
reftitué. Tout ce qui eft pris dans
une guerre , entreprife fur un
mauvais fondement, eft de même.
Les traités de paix ne couvrent
rien lorfque vous êtes le plus fort,
& que vous réduifez vos voifins à
figner le traité pour éviter de plus
grands maux. Alors, il figne comme un particulier donne fa bourfe

à

à un voleur qui lui tient le piftolet fur la gorge.

La guerre que vous avez commencée mal-à-propos, & que vous avez foutenue avec fuccès , loin de vous mettre en fûreté de conf- cience, vous engage , non feule- ment à la reftitution des pays ufur: pés, mais encore à la réparation de tous les dommages caufés fans raifon à vos voifins.

Pour les traités de paix , il faut les compter nuls, non feulement dans les chofes injuftes que la vio- lence a fait pafler , mais encore dans celles où vous pourriez avoir mêlé quelqu'artifice & quelque terme ambigu , pour vous en pré- valoir dans les occafions favora- bles.

bles. Votre ennemi eſt votre fre-
re : vous ne pouvez l'oublier ſans
oublier l'humanité. Il ne vous
eſt jamais permis de lui faire du
mal, quand vous pouvez l'éviter
ſans vous nuire : & vous ne pouvez jamais chercher aucun avantage contre lui par les armes, que
dans l'extrême néceſſité. Dans les
traités il ne s'agit plus d'armes ni
de guerre : il ne s'agit que de paix,
de juſtice, d'humanité & de bonne
foi. Il eſt encore plus infame &
plus criminel de tromper dans un
traité de paix avec un Peuple voiſin, que de tromper dans un con-
tract avec un particulier. Mettre
dans un traité des termes ambigus
& captieux, c'eſt préparer des ſe-
mences

mences de guerre pour l'avenir :
c'eſt mettre des caques de poudre
ſous les maiſons où l'on habite.

DIRECTION XXVI.

Quand il a été queſtion d'une
guerre, avez-vous d'abord examiné, & fait examiner votre droit
par les perſonnes les plus intelli-
gentes & les moins flateuſes pour
vous ? Vous êtes-vous défié des
conſeils de certains Miniſtres, qui
ont intérêt de vous engager à la
guerre, ou qui du moins cher-
chent à flater vos paſſions, pour
tirer de vous dequoi contenter les
leurs ? Avez-vous cherché toutes
les raiſons qui pouvoient être contre vous ? Avez-vous écouté fa-
vora-

vorablement ceux qui les ont ap-
profondies ? Vous êtes-vous donné
le tems de favoir les fentimens de
tous vos plus fages Confeillers,
fans les prévenir ?

N'avez-vous point regardé votre gloire perfonnelle comme une
raifon d'entreprendre quelque-
chofe, de peur de paffer votre vie
fans vous diftinguer des autres
Princes ? Comme fi les Princes
pouvoient trouver quelque gloire
folide à troubler le bonheur des
Peuples, dont ils doivent être les
peres ! Comme fi un pere de famille pouvoit être eftimable par
les actions qui rendent fes enfans
malheureux ! Comme fi un Roi
avoit quelque gloire à efpérer ailleurs

leurs que dans fa vertu, c'eft-à-dire dans fa juftice, & dans le bon gouvernement de fon Peuple! N'avez-vous point cru que la guerre étoit néceffaire, pour acquérir des Places qui étoient à votre bienféance, & qui feroient la sûreté de votre frontiere ? Etrange regle ! Par les convenances, on ira de proche en proche jufqu'à la Chine.

Pour la sûreté d'une frontiere, on la peut trouver fans prendre le bien d'autrui. Fortifiez vos propres places, & n'ufurpez point celles de vos voifins. Voudriez-vous, qu'un voifin vous prît tout ce qu'il croiroit commode pour fa sûreté ? Votre sûreté n'eft point

un

un titre de propriété fur le bien d'autrui. La vraie sûreté pour vous, c'eft d'être jufte : c'eft de conferver de bons alliés, par une conduite droite & modérée : c'eft d'avoir un Peuple nombreux ; bien nourri, bien affectionné & bien difcipliné. Mais, qu'y a-t'il de plus contraire à votre sûreté, que de faire éprouver à vos voifins, qu'ils n'en peuvent jamais trouver aucune avec vous, & que vous êtes toûjours prêt à prendre fur eux tout ce qui vous accommode ?

DIRECTION XXVII.

Avez-vous bien examiné fi la guerre, dont il s'agiffoit étoit né-ceffaire à vos Peuples ? Peut-être

ne

ne s'agiſſoit-il que de quelque prétention, qui vous regardoit perſonnellement, vos Peuples n'y ayant aucun intérêt réel. Que leur importe, que vous ayez une Province de plus ? Ils peuvent, par affection pour vous, ſi vous les traitez en pere, faire quelque effort, pour vous aider à recueillir les ſucceſſions d'Etat, qui vous ſont dûes légitimement. Mais, pouvez-vous les accabler d'Impôts malgré eux, pour trouver les fonds néceſſaires à une guerre qui ne leur eſt utile en rien ? Bien plus, ſuppoſé même que cette guerre regarde préciſément l'Etat, vous avez dû regarder, ſi elle eſt plus utile, que dommageable. Il faut

E　　com-

comparer les fruits qu'on en peut tirer, ou du moins les maux qu'on pourroit craindre fi on ne la faifoit pas, avec les inconvéniens qu'elle entraînera après elle.

Toute compenfation exactement faite, il n'y a prefque point de guerre, même heureufement terminée, qui ne faffe beaucoup plus de mal que de bien à un Etat. On n'a qu'à confidérer combien elle ruine de familles, combien elle fait périr d'hommes, combien elle ravage & dépeuple de Pays, combien elle déregle un Etat, combien elle y renverfe les lois, combien elle autorife la licence, combien il faudroit d'années pour réparer ce que deux ans de

de guerre caufent de maux con-
traires à la bonne politique dans
un Etat. Tout homme fenfé , &
qui agiroit fans paffion , entrepren-
droit-il le procès le mieux fondé
felon les lois , s'il étoit affuré ,
que ce Procès , même en le ga-
gnant, feroit plus de mal que de
bien à la nombreufe famille dont
il eft chargé !

Cette jufte compenfation des
biens & des maux de la guerre dé-
termineroit toûjours un bon Roi à
éviter la guerre, à caufe de fes funeftes fuites : car, où font les biens
qui puiffent contrebalancer tant de
maux inévitables, fans parler des
périls des mauvais fuccès ? Il ne
peut y avoir qu'un feul cas, où la

guerre, malgré tous fes maux, devient néceffaire. C'eft le cas, où
l'on ne pourroit l'éviter qu'en don-
nant trop de prife & d'avantage à
un ennemi injufte, artificieux, &
trop puiffant. Alors en voulant par
foibleffe éviter la guerre, on y
tomberoit encore plus dangereu-
fement : on feroit une paix, qui
ne feroit pas une paix, & qui n'en
auroit que l'apparence trompeufe.
Alors, il faut malgré foi faire
vigoureufement la guerre, par le
defir fincere d'une bonne & conf-
tante paix. Mais, ce cas unique eft
plus rare qu'on ne s'imagine : &
fouvent on le croit réel, qu'il eft
très-chimérique.

Quand un Roi eft jufte, fincere,

re, inviolablement fidele à tous ses alliés, & puiſſant dans ſon pays par un ſage gouvernement, il a dequoi bien réprimer les voiſins inquiets & injuſtes, qui veulent l'attaquer. Il a l'amour de ſes peuples, & la confiance de ſes voiſins. Tout le monde eſt intéreſſé à le ſoûtenir. Si ſa cauſe eſt juſte, il n'a qu'à prendre toutes les voies les plus douces, avant que de commencer la guerre. Il peut, étant déjà puiſſamment armé, offrir de croire certains voiſins neutres & deſintéreſſés, prendre quelque choſe ſur lui pour la paix, éviter tout ce qui aigrit les eſprits, & tenter toutes les voies d'accommodement. Si tout cela eſt

in-

inutile, & ne fert de rien, il en
fera la guerre avec plus de confiance en la protection de Dieu,
avec plus de zele de ses Sujets, avec
plus de secours de ses alliés, Mais
il arrivera très-rarement, qu'il soit
réduit à faire la guerre dans de
telles circonstances. Les trois
quarts des guerres ne s'engagent
que par hauteur, par finesse, par
avidité, par précaution.

DIRECTION XXVIII.

Avez-vous été fidele à tenir parole à vos ennemis, pour les capitulations, pour les cartels, &c?
Il y a les lois de la guerre, qu'il
ne faut pas moins religieusement
garder, que celles de la paix.
Lors

Lors même qu'on eſt en guerre,
il reſte un certain Droit des Gens,
qui eſt le fond de l'humanité
même. C'eſt un lien ſacré & inviolable entre les Peuples, que
nulle guerre ne peut rompre. Autrement, la guerre ne ſeroit plus
qu'un brigandage inhumain, qu'u-
ne ſuite perpétuelle de trahiſons,
d'aſſaſſinats, d'abominations, &
de barbaries. Vous ne devez faire
à vos ennemis, que ce que vous
croyez qu'ils ont droit de vous
faire. Il y a les violences & les
ruſes de guerre, qui ſont récipro-
ques, & auxquelles chacun s'at-
tend. Pour tout le reſte il faut une
bonne-foi & une humanité entiere. Il n'eſt pas permis de ren-

dre

dre fraude pour fraude. Il n'eſt point permis, par exemple, dq donner des paroles en vûe d'en manquer, parce qu'on vous en a donné auxquelles on a manqué enſuite.

D'ailleurs, pendant la guerre entre deux Nations, indépendantes l'une de l'autre, la Couronne la plus noblé ou la plus puiſſante, ne doit point ſe diſpenſer de ſubir avec égalité toutes les lois communes de la guerre. Un Prince, qui joue avec un Particulier, ne doit pas moins obſerver que lui toutes les lois du jeu. Dès qu'il joue avec lui, il devient ſon égal, pour le jeu ſeulement. Le Prince le plus élevé & le plus puiſſant doit

doit se piquer d'être le plus fidele
à suivre toutes les regles pour les
contributions qui mettent ses peuples à couvert des captures , des
massacres , des incendies ; pour les
cartels , pour les capitulations ,
&c.

DIRECTION XXIX.

Il ne suffit pas de garder les capitulations à l'égard des ennemis :
il faut encore les garder religieusement à l'égard des Peuples conquis. Comme vous devez tenir
parole à la garnison d'une Ville
prise , & n'y faire aucune super-
cherie sur des termes ambigus :
tout de même vous devez tenir
parole au Peuple de cette Ville &
de

de ſes dépendances. Qu'importé
à qui vous ayez promis des conditions pour ce Peuple ? Que ce
ſoit à lui, ou à la Garniſon, tout
cela eſt égal. Ce qui eſt certain,
c'eſt que vous avez promis des conditions pour ce Peuple : c'eſt à
vous à les garder inviolablement.
Qui pourra ſe fier à vous ſi vous
y manquez ? Qu'y aura-t'il de ſacré, ſi une promeſſe ſi ſolemnelle
ne l'eſt pas ? C'eſt un contrat fait
avec ces Peuples pour les rendre
vos Sujets : commencerez - vous
par violer votre titre fondamen-
tal ? Ils ne vous doivent obéiſſance, que ſuivant ce contrat ; &,
ſi vous le violez, vous ne méritez
plus qu'ils l'obſervent.

DI-

DIRECTION XXX.

Pendant la guerre, n'avez-vous point fait de maux inutiles à vos ennemis ? Ces ennemis font toûjours hommes , & toûjours vos freres. Si vous êtes vrai homme , vous ne devez leur faire que les maux que vous ne pouvez vous difpenfer de leur faire , pour vous garantir de ceux qu'ils vous préparent, & pour les réduire à une jufte paix. N'avez-vous point inventé & introduit, à pure perte , & par paffion ou par hauteur, de nouveaux genres d'hoftilités ? N'avez-vous point autorifé des ravages, des incendies , des facriléges , des maffacres, qui n'ont décidé

cidé de rien ; sans lesquels vous pouviez défendre votre cause, & malgré lesquels vos ennemis ont également continué leurs efforts contre vous ? Vous devez rendre compte à Dieu, & réparer selon l'étendue de votre pouvoir, tous les maux que vous avez autorisés, & qui ont été faits sans nécessité.

DIRECTION XXXI.

Avez-vous exécuté ponctuellement les Traités de Paix ? Ne les avez-vous jamais violés sous de beaux prétextes ? A l'égard des articles des anciens Traités de Paix qui sont ambigus, au lieu d'en tirer des sujets de guerre, il faut les interpréter par la pratique qui

les

les a fuivis immédiatement. Cette
pratique immédiate eft l'interpré-
tation infaillible des paroles. Les
Parties, immédiatement après le
Traité, s'entendoient elles-mêmes
parfaitement: elles favoient mieux
alors ce qu'elles avoient voulu dire, qu'on ne le peut favoir cinquante ans après. Ainſi, la poſ-
feſſion eft déciſive à cet égard-là;
& , vouloir la troubler, c'eſt vouloir éluder ce qu'il y a de plus
affuré , & de plus inviolable dans
le genre-humain. Pour donner
quelque conſiſtance au monde, &
quelque sûreté aux Nations , il
faut ſuppoſer , par préférence à
tout le reſte , deux points , qui
font comme les deux Poles de la
Terre

Terre entiere : l'un , que tout
Traité de Paix , juré entre deux
Princes , eſt inviolable à leur
égard , & doit toûjours être pris
ſimplement dans ſon ſens le plus
naturel , & interprété par l'exécu-
tion immédiate : l'autre , que
toute poſſeſſion paiſible , & non in-
terrompue , depuis les tems que
la Juriſprudence demande pour
les preſcriptions les moins favo-
rables , doit acquérir une propriété
certaine & légitime à celui qui a
cette poſſeſſion , quelque vice
qu'elle ait pû avoir dans ſon ori-
gine. Sans ces deux regles fondamentales, point de repos , ni de
ſûreté dans tout le genre-humain.
Les avez-vous toûjours ſuivies ?

DI-

DIRECTION XXXII.

Avez-vous fait juſtice au mérite de tous les principaux Sujets que vous pouviez mettre dans les emplois ? En ne faiſant pas juſtice aux Particuliers ſur leurs biens , comme ſur leurs terres , ſur leurs rentes , &c. vous n'avez fait tort qu'à ces Particuliers , & à leurs familles. Mais , en ne comptant pour rien , dans le choix des hommes , ni la vertu , ni les talens , c'eſt à tout votre Etat que vous avez fait une injuſtice irréparable. Ceux que vous n'avez point choiſis pour les places , n'ont rien perdu d'effectif ; parce que ces places n'auroient été pour eux ,

que

que des occasions dangereuses pour
leur salut, & pour leur repos tem-
porel : mais, c'est tout votre
Royaume que vous avez privé in-
justement d'un secours que Dieu
lui avoit préparé. Les hommes
d'un esprit élevé, & d'un cœur
droit, sont plus rares qu'on ne
sauroit le croire. Il faudroit les
aller chercher jusqu'au bout du
monde : *Procul, & de ultimis fi-*
nibus, Pretium ejus, comme le
dit le Sage de la Femme forte.
Pourquoi avez-vous privé l'Etat du
secours de ces hommes supérieurs
aux autres ? Votre devoir n'étoit-
il pas de choisir, pour les premie-
res places, les premiers hommes ?
N'étoit-ce pas-là votre principale
fon-

fonction ? Un Roi ne fait pas la
fonction de Roi , en réglant les
détails, que d'autres qui gouvernent fous lui , pourroient régler.
Sa fonction essentielle est de faire
tout ce que nul autre que lui ne
peut faire. C'est de bien choisir
ceux qui exercent son autorité sous
lui : c'est de mettre chacun dans
la Place qui lui convient ; & de
faire tout dans l'Etat , non par
lui-même , ce qui est impossible ,
mais en faisant tout faire par des
hommes qu'il choisit , qu'il ani-
me , & qu'il redresse. Voilà la
véritable action de Roi. Avez-
vous quitté tout le reste , que
d'autres peuvent faire sous vous ;
pour vous appliquer à ce devoir

essen-

essentiel , que vous seul pouvez remplir ? Avez - vous eu soin de jetter les yeux sur un certain nombre de gens sensés , & bien intentionnés , par qui vous puissiez être averti de tous les Sujets de chaque profession , qui s'élevent , & qui se distinguent ? Les avez-vous questionnés tous séparément , pour voir si leurs témoignages sur chaque Sujet seroient uniformes ? Avez-vous eu la patience d'examiner , par ces divers canaux , les sentimens , les inclinations , les habitudes , la conduite , de chaque homme , que vous pouvez placer ? Avez-vous vû ces hommes vous-même ? Expédier des détails dans un cabinet où l'on se ren-

fer-

ferme fans ceffe, c'eft dérober fon plus précieux tems à l'Etat. Il faut qu'un Roi voie, parle, écoute, beaucoup de gens ; qu'il apprenne par fon expérience à étudier les hommes, qu'il les connoiffe par un fréquent commerce, & par un accès libre.

Il y a deux manieres de les connoître. L'une eft la converfation. Si vous étudiez bien les hommes, fans paroître néantmoins les étudier, la converfation vous fera beaucoup plus utile, que beaucoup de travaux qu'on croiroit plus importans. Vous y remarquerez la légereté, l'indifcretion, la vanité, l'artifice, des hommes ; leurs flateries, leurs fauffes maximes. Les

Prin-

Princes ont un pouvoir infini fur
ceux qui les approchent : & ceux
qui les approchent ont une foibleſſe infinie en les approchant.
La vûe des Princes réveille toutes
les paſſions, & r'ouvre toutes les
plaies du cœur. Si un Prince ſait
profiter de cet aſcendant, il ſen-
tira bien-tôt les foibleſſes de chaque homme. L'autre maniere d'é-
prouver les hommes eſt de les
mettre dans les emplois ſubalter-
nes, pour eſſayer s'ils ſeront propres aux emplois ſupérieurs. Sui-
vez les hommes dans les emplois
que vous leur confiez, ne les perdez jamais de vûe, ſachez ce qu'ils
font, faites-leur rendre compte
de ce que vous leur avez donné

à

à faire. Voilà de quoi leur parler quand vous les voyez : jamais vous ne manquerez de fujet de converfation. Vous verrez leur naturel, par les partis qu'ils ont pris d'eux-mêmes. Quelquefois, il eft à propos de leur cacher vos fentimens, pour découvrir les leurs. Demandez leur confeil, & n'en prenez que ce qu'il vous plaira.

Telle eft la vraie fonction d'un Roi. L'avez-vous remplie ? N'avez-vous point négligé de connoître les hommes, par pareffe d'efprit, par une humeur qui vous rend particulier, par une hauteur qui vous éloigne de la Société, par des détails qui ne font que des vétilles en comparaifon de l'étude

des hommes, enfin par des amu-
femens dans votre cabinet fous
prétexte de travail fecret ? N'avez-
vous point craint, & écarté les
Sujets forts & diftingués des autres ? N'avez-vous pas craint, qu'ils
ne vous viffent de trop près, &
ne pénétraffent trop dans vos foibleffes, fi vous les approchiez de
votre perfonne ? N'avez-vous pas
craint qu'ils ne vous flataffent
pas, qu'ils ne contrediffent vos paffions injuftes, vos mauvais goûts,
vos motifs bas & indécens ? N'a-
vez-vous pas mieux aimé vous
fervir de certains hommes inté-
reffés & artificieux, qui vous fla-
tent, qui font femblant de ne
voir jamais vos défauts, & qui ap-
plau-

plaudiſſent à toutes vos fantaiſies ;
ou bien de certains hommes mé-
diocres & ſouples , que vous do-
minez aiſément , que vous eſpérez éblouir , qui n'ont jamais le
courage de vous réſiſter , & qui
vous gouvernent d'autant plus ,
que vous ne vous défiez point de
leur autorité , & que vous ne craignez point qu'ils paroiſſent d'un
génie ſupérieur au vôtre ? N'eſt-
ce point par ces motifs ſi corrompus , que vous avez rempli les
principales places d'hommes foibles ou dépravés ; & que vous
avez laiſſé loin de vous tout ce
qu'il y avoit de meilleur pour
vous aider dans les grandes affaires : Prendre les terres , les char-

F 4   ges ,

ges , & l'argent d'autrui , n'eſt point une injuſtice comparable à celle que je viens d'expliquer.

DIRECTION XXXIII.

N'avez-vous point accoutumé vos domeſtiques à une dépenſe au-deſſus de leur condition, & à des récompenſes qui chargent l'Etat ? Vos valets de chambre, vos valets de garde-robe, &c. ne vivent-ils pas comme des Seigneurs , pendant que les vrais Seigneurs languiſſent dans votre anti-chambre ſans aucun bienfait ; & que beaucoup d'autres des plus illuſtres maiſons ſont dans le fond des Provinces, réduits à cacher leur miſere ? N'avez-vous point autoriſé,

ſous

sous prétexte d'orner votre Cour,
le luxe d'habits, de meubles,
d'équipages & de maisons, de tous
ces Officiers subalternes, qui n'ont
ni naissance, ni mérite solide; &
qui se croyent au-dessus des gens
de qualité, parce qu'ils vous parlent familierement, & qu'ils ob-
tiennent facilement des graces?
Ne craignez-vous pas trop leur
importunité? N'avez-vous point
craint de les fâcher, plus que de
manquer à la justice? N'avez-vous
pas été trop sensible aux vaines
marques de zele & d'attachement
tendre pour votre personne, qu'ils
s'empressent de vous témoigner,
pour vous plaire & pour avancer
leur fortune? Ne les avez-vous
pas

pas rendus malheureux , en leur laiſſant concevoir des eſpérances diſproportionnées à leur état , & à votre affection pour eux ? N'avez-vous pas ruiné leurs familles , en les laiſſant mourir ſans récompenſe ſolide qui reſte à leurs enfans, après que vous les avez laiſſés vivre dans un faſte ridicule , qui a conſumé les grands bienfaits qu'ils ont reçus de vous pendant leur vie ? N'en a-t'il pas été de même des autres courtiſans , chacun ſelon ſon dégré ? Ils ſucent , pendant qu'ils vivent , le Royaume entier : en quelque tems qu'ils meurent , ils laiſſent leurs familles ruinées. Vous leur donnez trop , & vous leur faites encore plus dé-

pen-

penſer. Ainſi, ceux qui ruinent l'Etat, ſe ruinent eux-mêmes. C'eſt vous qui en êtes cauſe , en aſſemblant autour de vous tant d'hommes inutiles , faſtueux, diſſipateurs, & qui ſe font de leurs plus folles diſſipations un titre auprès de vous, pour vous demander de nouveaux biens , qu'ils puiſſent encore diſſiper.

DIRECTION XXXIV.

N'avez-vous point pris des préventions contre quelqu'un , ſans avoir jamais examiné les faits ? C'eſt ouvrir la porte à la calomnie & aux faux rapports , ou du moins prendre témérairement les préventions des gens qui vous ap-

pro-

prochent, & en qui vous vous
confiez. Il n'eſt point permis de
n'écouter & de ne croire qu'un
certain nombre de gens. Ils ſont,
certainement, hommes : & quand
même ils ſeroient incorruptibles,
du moins ils ne ſont pas infailli-
bles. Quelque confiance que vous
ayez en leurs lumieres & en leur
vertu, vous êtes obligé d'examiner s'ils ne ſont point trompés par
d'autres, & s'ils ne s'entêtent point.
Toutes les fois que vous vous li-
vrerez à un certain nombre de
perſonnes, qui ſont liées enſemble par les mêmes intérêts, ou
par les mêmes ſentimens, vous
vous expoſez volontairement à
être trompé, & à faire des injuſtices.

tices. N'avez-vous point quelque‑
fois fermé les yeux à certaines
raisons fortes, ou du moins n'a‑
vez-vous pas pris certains partis
rigoureux, dans le doute, pour
contenter ceux qui vous environ‑
nent, & que vous craignez de
fâcher ? N'avez-vous pas pris le
parti, sur des rapports incertains,
d'écarter des emplois des gens qui
ont des talens & un mérite dif‑
tingué ? On dit en foi-même : *il
n'est pas possible d'éclaircir ces accu‑
sations ; le plus sûr est d'éloigner
des emplois cet homme.* Mais cette
prétendue précaution est le plus
dangereux de tous les piéges. Par‑
là, on n'approfondit rien, & on
donne aux rapporteurs tout ce
qu'ils

qu'ils prétendent. On juge le fond
fans examiner ; car , on exclut le
mérite , & on fe laiſſe effaroucher
contre toutes les perſonnes que les
rapporteurs veulent rendre ſuſpec-
tes. Qui dit un rapporteur dit un
homme , qui s'offre pour faire ce
métier , qui s'inſinue par cet hor-
rible métier , & qui par conſé-
quent eſt manifeſtement indigne
de toute créance. Le croire , c'eſt
vouloir s'expoſer à égorger l'in-
nocent. Un Prince qui prête l'o-
reille aux rapporteurs de profeſ-
ſion , ne mérite de connoître ni
la vérité , ni la vertu. Il faut chaſ-
ſer , & confondre ces peſtes de
Cour. Mais comme il faut être
averti , le Prince doit avoir d'honnêtes

nêtes gens, qu'il oblige malgré eux, à veiller, à obſerver, à ſavoir ce qui ſe paſſe, & à l'en avertir ſecretement. Il doit choiſir, pour cette fonction, les gens à qui elle répugne davantage, & qui ont le plus d'horreur pour le métier infame de rapporter. Ceux-ci ne l'avertiront que des faits véritables & importans : ils ne lui diront point toutes les bagatelles qu'il doit ignorer, & ſur leſquelles il doit être commode au Public. Du moins, ils ne lui donneront les choſes douteuſes que comme douteuſes : & ce ſera à lui à les approfondir, ou à ſuſpendre ſon jugement ſi elles ne peuvent être éclaircies.

DI-

DIRECTION XXXV,

N'avez-vous point trop répandu de bienfaits sur vos Ministres, sur vos favoris, & sur leurs créatures, pendant que vous avez laissé languir dans le besoin des personnes de mérite, qui ont long-tems servi, & qui manquent de protection ? D'ordinaire, le grand défaut des Princes est d'être foibles, mous, & inappliqués. Ils ne sont presque jamais déterminés par le mérite, ni par les vrais défauts des gens. Le fond des choses n'est pas ce qui les touche : leur décision, d'ordinaire, vient de ce qu'ils n'osent refuser ceux qu'ils ont l'habitude de voir & de croire. Sou-

vent,

vent, ils les fouffrent avec impa-
tience, & ne laiffent pourtant pas
de demeurer fubjugués. Ils voyent
les défauts de ces gens-là ; & fe
contentent de les voir. Ils fe fa-
vent bon gré de n'en être pas les
dupes ; après quoi, ils les fuivent
aveuglément Ils leur facrifient,
le mérite, l'innocence, les talens
diftingués, & les plus longs fervi-
vices. Quelquefois, ils écouteront
favorablement un homme, qui
ofera leur parler contre ces Miniftres, ou ces Favoris, & ils ver-
ront des faits clairement vérifiés.
Alors ils gronderont, & feront
entendre à ceux qui auront ofé
parler, qu'ils feront foutenus contre le Miniftre, ou contre le Fa-

G   vori.

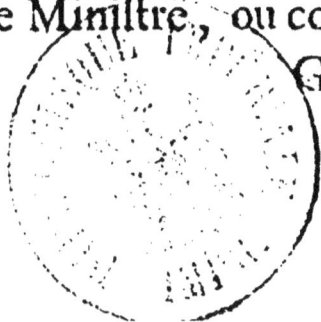

vori. Mais bientôt le Prince fe laffe de protéger celui qui ne tient qu'à lui feul. Cette protection lui coûte trop dans le détail : & de peur de voir un vifage mécontent dans la perfonne du Miniftre, l'honnête-homme, par qui l'on avoit fu la vérité, fera abandonné à fon indignation. Après cela, méritez-vous d'être averti ? Pouvez-vous efpérer de l'être ? Quel eft l'homme fage, qui ofera aller droit à vous, fans paffer par le Miniftre, dont la jaloufie eft implacable ? Ne méritez-vous pas de ne plus voir que par fes yeux ? N'êtes-vous pas livré à fes paffions les plus injuftes, & à fes préventions les plus déraifonnables? Vous laiflaiſſez-vous quelque remede contre un ſi grand mal ?

DIRECTION XXXVI.

Ne vous laiſſez-vous point ébloüir par certains hommes, vains, hardis, & qui ont l'art de ſe faire valoir; pendant que vous négligez & laiſſez loin de vous, le mérite ſimple, modeſte, timide, & caché ? Un Prince montre la groſſiereté de ſon goût, lorſqu'il ne ſait pas diſcerner combien ces eſprits ſi hardis, & qui ont l'art d'impoſer, ſont ſuperficiels, & pleins de défauts mépriſables. Un Prince ſage & pénétrant n'eſtime, ni les eſprits évaporés, ni les grands parleurs, ni ceux qui

dé-

décident d'un ton de confiance;
ni les critiques dédaigneux, ni
les moqueurs qui tournent tout
en plaisanterie. Il méprise ceux
qui trouvent tout facile, qui ap-
plaudissent à tout ce qu'il veut,
qui ne consultent que ses yeux,
ou le ton de sa voix, pour devi-
ner sa pensée, & pour l'approu-
ver. Il recule, loin des emplois
de confiance, ces hommes, qui
n'ont que des dehors sans fond.
Au contraire, il cherche, il pré-
vient, il attire à soi, les personnes judicieuses & solides, qui
n'ont aucun empressement, qui
se défient d'elles-mêmes, qui craignent les emplois, qui promet-
tent peu & qui tâchent de faire
beau-

beaucoup, qui ne parlent guere &
qui penſent toûjours, qui parlent
d'un ton douteux, & qui ſavent
contredire avec reſpect.

De tels ſujets demeurent ſouvent obſcurs dans les places inférieures, pendant que les pre-
mieres ſont occupées par des hommes groſſiers & hardis, qui ont
impoſé au Prince, & qui ne ſer-
vent qu'à montrer combien il
manque de diſcernement. Tandis
que vous négligerez de chercher
le mérite caché, & de réprimer
les gens empreſſés & dépourvus
de qualités ſolides, vous ſerez
reſponſable devant Dieu de toutes
les fautes qui ſeront faites par
ceux qui agiront ſous vous. Le

mé-

métier d'adroit courtifan perd tout dans un Etat. Les efprits les plus bornés & les plus corrompus, font fouvent ceux qui apprennent le mieux cet indigne métier. Ce métier gâte tous les autres : le Médecin néglige la médecine : le Prélat oublie les devoirs de fon miniftere; le Général d'armée fonge bien plus à faire fa cour, qu'à défendre l'Etat : l'Ambaffadeur négocie bien plus pour fes propres intérêts à la Cour de fon Maître, qu'il ne négocie pour les intérêts de fon Maître à la Cour où il eft envoyé. L'art de faire fa cour gâte les Hommes de toutes les profeffions, & étouffe le vrai mérite.

Ra-

Rabaiſſez donc ces hommes, dont tout le talent ne conſiſte qu'à plaire, qu'à flater qu'à ébloüir, qu'à s'inſinuer pour faire fortune. Si vous y manquez, vous remplirez indignement vos places, & le vrai mérite demeurera toûjours en arriere. Votre devoir eſt de reculer ceux qui s'avancent trop, & d'avancer ceux qui demeurent reculés en faiſant leur devoir.

DIRECTION XXXVII.
ET DERNIERE.

N'avez-vous point entaſſé trop d'emplois ſur la tête d'un ſeul homme, ſoit pour contenter ſon ambition, ſoit pour vous épargner

G 4   la

la peine d'avoir beaucoup de gens
à qui vous ſoyez obligé de parler ?
Dès qu'un homme eſt l'homme à
la mode, on lui donne tout, on
voudroit qu'il fît lui ſeul toutes
choſes. Ce n'eſt pas qu'on l'aime ;
car on n'aime rien : ce n'eſt pas
qu'on s'y fie ; car on ſe défie de la
probité de tout le monde : ce
n'eſt pas qu'on le trouve parfait ;
car on eſt ravi de le critiquer
ſouvent : mais c'eſt qu'on eſt pa-
reſſeux & ſauvage. On ne veut
point avoir à compter avec tant
de gens. Pour en voir moins, &
pour n'être point obſervé de près
par tant de perſonnes, on fera faire
à un ſeul homme ce que quatre
auroient grand peine à bien faire.

Le

Le public en souffre , les expéditions languiffent , les surprifes
& les injustices font plus fréquen-
tes & plus irremédiables. L'homme est accablé , & feroit bien fâ-
ché de ne l'être pas. Il n'a le tems
ni de penser , ni d'approfondir,
ni de faire des plans , ni d'étudier
les hommes dont il se sert : il est
toûjours entraîné au jour la jour-
née , par un torrent de détails à
expédier.

D'ailleurs cette multitude d'emplois sur une seule tête , souvent
affez foible , exclut tous les meilleurs sujets , qui pourroient se former , & faire de grandes chofes.
Tout talent demeure étouffé. La
pareffe du Prince en est la vraie
caufe.

caufe. Les plus petites raifons décident fur les grandes affaires.
Delà naiffent des injuftices in-
nombrables. *Pauca de te*, difoit
faint Auguftin au Comte Boni-
face, *fed multa propter te*. Peut-
être ferez-vous peu de mal par
vous-même ; mais il s'en fera d'infinis par votre autorité mife en
mauvaifes mains.

F I N.

SUP-

SUPPLEMENT
OU
ADDITION

AUX DIRECTIONS PRECEDENTES
XXV---XXX,

Concernant en particulier , non feulement le droit légitime , mais même la néceſſité indiſpenſable de former des alliances , tant offenſives que défenſi-ves , contre une Puiſſance ſupérieure , juſtement redoutable aux autres , & tendant manifeſtement à la Monar-chie Univerſelle.

LES Etats voiſins les uns des autres ne ſont pas ſeulement obli-gés

gés à se traiter mutuellement selon les regles de la justice & de
la bonne foi : mais ils doivent encore, pour leur sûreté particuliere, autant que pour l'intérêt commun, faire une espece de société
& de République générale.

Il faut compter qu'à la longue,
la plus grande Puissance prévaut
toûjours, & renverse les autres,
si les autres ne se réunissent point
pour faire le contre-poids. Il n'est
pas permis d'espérer parmi les
hommes, qu'une Puissance supé-
rieure demeure dans les bornes
d'une exacte modération ; & qu'elle ne veuille dans sa force, que ce
qu'elle pourroit obtenir dans sa
plus grande foiblesse. Quand même

me un Prince seroit affez parfait
pour faire un ufage fi merveilleux
de fa profpérité, cette merveille
finiroit avec fon regne. L'ambition naturelle des Souverains, les
flateries de leurs Confeillers, & la
prévention des Nations entieres,
ne permettent pas de croire qu'une
Nation, qui peut fubjuguer les autres, s'en abftienne pendant des
fiecles entiers. Un regne où écla-
teroit une juftice fi extraordinai-
re, feroit l'ornement de l'hiftoire,
& un prodige qu'on ne peut plus
revoir.

Il faut donc compter fur ce qui
eft réel & journalier; qui eft, que
chaque Nation cherche à prévaloir fur toutes les autres qui l'en-
viron-

vironnent. Chaque Nation eſt donc obligée à veiller ſans ceſſe pour prévenir l'exceſſif aggrandiſſement de chaque voiſin pour ſa ſûreté propre. Empêcher le voiſin d'être trop puiſſant, ce n'eſt point faire un mal ; c'eſt ſe garantir de la ſervitude, & en garantir ſes autres voiſins. En un mot, c'eſt travailler à la liberté, à la tranquilité, au ſalut public. Car, l'aggrandiſſement d'une Nation au-delà d'une certaine borne, change le ſyſtème général de toutes les Nations qui ont rapport à celle-là. Par exemple, toutes les ſucceſſions, qui ſont entrées dans la maiſon de Bourgogne, puis celles qui ont élevé la maiſon d'Autriche ;

ont

changé la face de toute l'Europe.
Toute l'Europe a dû craindre la
Monarchie Univerſelle ſous Char-
les-Quint , ſur-tout après que
François I. eut été défait & pris
à Pavie. Il eſt certain qu'une Nation, qui n'avoit rien à démêler
directement avec l'Eſpagne , ne
laiſſoit pas alors d'être en droit,
pour la liberté publique, de prévenir cette Puiſſance rapide , qui
ſembloit prête à tout engloutir.

Les particuliers ne ſont pas en
droit de s'oppoſer de même à l'accroiſſement des richeſſes de leurs
voiſins ; parce qu'on doit ſuppoſer
que cet accroiſſement d'autrui ne
peut être leur ruine. Il y a des Lois
écrites & des Magiſtrats pour ré-
pri-

primer les injuſtices & les violences entre les familles inégales en
biens. Mais pour les Etats, ils ne
ſont pas de même. Le trop grand
accroiſſement d'un ſeul peut être
la ruine & la ſervitude de tous les
autres qui ſont ſes voiſins : il n'y
a ni Lois écrites, ni Juges établis
pour ſervir de barriere contre les
invaſions du plus puiſſant. On eſt
toûjours en droit de ſuppoſer que
le plus puiſſant, à la longue, ſe
prévaudra de ſa force, quand il
n'y aura plus d'autre force à-peu-
près égale qui puiſſe l'arrêter. Ainſi, chaque Prince eſt en droit &
en obligation, de prévenir dans
ſon voiſin cet accroiſſement de
puiſſance, qui jetteroit ſon peuple

&

& tous les autres peuples voisins, dans un danger prochain de servitude sans ressource.

Par exemple, Philippe II. Roi d'Espagne, après avoir conquis le Portugal, veut se rendre maître de l'Angleterre. Je sai bien que son droit étoit mal fondé ; car il n'en avoit que par la Reine Marie sa femme, morte sans enfans. Elisabeth, illégitime, ne devoit point régner. La Couronne appartenoit à Marie Stuart & à son fi's. Mais enfin, supposé que le droit de Philippe II. eût été incontestable, l'Europe entiere auroit eu raison néantmoins de s'opposer à son établissement en Angleterre ; car ce Royaume si puissant, ajouté à ses

H   Etats

États d'Espagne, d'Italie, de Flandres, des Indes Orientales & Occidentales, le mettoit en état de faire la loi, sur-tout par ses forces maritimes, à toutes les autres Puissances de la Chrétienté. Alors *summum Jus, summa injuria.* Un droit particulier de succession ou de donation, devoit céder à la loi naturelle de la sûreté de tant de Nations. En un mot, tout ce qui renverse l'équilibre, & qui donne le coup décisif pour la Monarchie universelle, ne peut être juste, quand même il seroit fondé sur des lois écrites dans un pays particulier. La raison en est, que ces lois, écrites chez un peuple, ne peuvent prévaloir sur la loi naturelle

relle de la liberté & de la sûreté
commune , gravée dans le cœur
de tous les autres Peuples du monde. Quand une Puiʃʃance monte
à un point , que toutes les autres
Puiʃʃances voiʃines enʃemble ne
peuvent plus lui réʃiʃter , toutes
ces autres ʃont en droit de ʃe li-
guer pour prévenir cet accroiʃʃement , après lequel il ne ʃeroit
plus tems de défendre la liberté
commune. Mais , pour faire légitimement ces ʃortes de ligues, qui
tendent à prévenir un trop grand
accroiʃʃement d'un Etat , il faut
que le cas ʃoit véritable & pref-
ʃant : il faut ʃe contenter d'une ligue défenʃive ; ou du moins ne la
faire offenʃive , qu'autant que la

H 2   juʃte

juſte & néceſſaire défenſe ſe trouvera renfermée dans les deſſeins
d'une aggreſſion. Encore même
faut-il toûjours dans les traités de
ligues offenſives, poſer des bornes
préciſes, pour ne détruire jamais
une Puiſſance, ſous prétexte de la
modérer.

Cette attention à maintenir
une eſpece d'égalité & d'équilibre entre les Nations voiſines, eſt
ce qui en aſſure le repos commun.
A cet égard, toutes les Nations
voiſines, & liées par le commerce,
font un grand corps, & une eſpece
de communauté. Par exemple, la
Chrétienté fait une eſpece de République générale, qui a ſes intérêts, ſes craintes, ſes précautions

à

à obſerver. Tous les membres, qui compoſent ce grand corps, ſe doivent les uns aux autres pour le bien commun, & ſe doivent encore à eux-mêmes pour la ſûreté de la Patrie, de prévenir tout progrès de quelqu'un des membres qui renverſeroit l'équilibre, & qui ſe tourneroit à la ruine inévitable de tous les autres membres du même corps. Tout ce qui change ou altere ce ſyſteme général de l'Europe eſt trop dangereux, & traîne après ſoi des maux infinis.

Toutes les Nations voiſines ſont tellement liées par leurs intérêts les unes aux autres, & au gros de l'Europe, que les moindres progrès particuliers peuvent altérer

ce

système général, qui fait l'équilibre, & qui peut seul faire la sûreté
publique, Ostez·une pierre d'une
voute, tout l'édifice tombe, parce
que toutes les pierres se soutien-
nent en s'entrepoussant.

⎨ L'Humanité met donc un devoir
mutuel de défense du salut commun entre les Nations voisines,
contre un Etat voisin qui devient
trop puissant ; comme il y a des
devoirs mutuels entre les conci-
toyens pour la liberté de la Patrie.
Si le citoyen doit beaucoup à sa
Patrie dont il est membre, chaque Nation doit à plus forte raison bien davantage au repos & au
salut de la République universelle
dont elle est membre, & dans laquelle

quelle font renfermées toutes les Patries des particuliers.

Les ligues défenfives font donc juftes & néceffaires, quand il s'agit véritablement de prévenir une trop grande Puiffance qui feroit en état de tout envahir. Cette Puiffance fupérieure n'eft donc pas en droit de rompre la paix avec les autres Etats inférieurs , précifément à caufe de leur ligue défenfive ; car ils font en droit , & en obligation de la faire.

Pour une ligue offenfive , elle dépend des circonftances. Il faut qu'elle foit fondée fur des infrac-tions de paix , ou fur la détention de quelque pays des alliés , ou fur la certitude de quelque autre fon-

H 4   dement

dement femblable. Encore même
faut-il toûjours, comme je l'ai déjà dit, borner de tels traités à
des conditions qui empêchent
qu'une Nation ne fe ferve de
la néceffité d'en rabattre une
autre qui afpire à la tyrannie
univerfelle, pour y afpirer elle-
même à fon tour. L'habileté, auffi bien que la juftice & la bonne
foi, en faifant des traités d'allian-
ce, eft de les faire très-précis,
très-éloignés de toutes équivoques, & exactement bornés à un
certain bien que vous en voulez
tirer prochainement. Si vous n'y
prenez garde, les engagemens que
vous prenez fe tourneront contre
vous, en abbattant trop vos ennemis,

mis, & en élevant trop votre allié. Il vous faudra, ou souffrir ce qui vous détruit, ou manquer à votre parole ; chofes prefque également funeftes.

Continuons à raifonner fur ces principes, en prenant l'exemple particulier de la Chrétienté, qui eft le plus fenfible pour nous.

Il n'y a que quatre fortes de fyftèmes. Le premier eft d'être abfolument fupérieur à toutes les autres Puiffances, mêmes réunies : c'eft l'Etat des Romains, & celui de CHARLEMAGNE. Le fecond eft d'être dans la Chrétienté la Puiffance fupérieure aux autres, qui font néantmoins à peu près le contre-poids, en fe réuniffant. Le troi-

troisieme est d'être une Puissance inférieure à une autre, mais qui se soutient par son union avec tous les voisins, contre cette Puissance prédominante. Enfin, le quatrieme est d'une Puissance à peu près égale à une autre, qui tient tout en paix par cette espece d'équilibre, qu'elle garde, sans ambition, & de bonne-foi.

L'Etat des Romains & de Charlemagne n'est point un Etat qu'il vous soit permis de desirer. I. Parce que, pour y arriver, il faut commettre toutes sortes d'injustices & de violences : il faut prendre ce qui n'est point à vous, & le prendre par des guerres abominables dans leur étendue. II. Ce dessein est

eſt très-dangereux : ſouvent les
Etats périſſent par ces folles ambi-
tions. III. Ces Empires immen-
ſes, qui ont fait tant de maux en
ſe formant, en font bientôt après
d'autres encore plus effroyables,
en tombant par terre. La premiere
minorité, ou le premier regne foible, ébranle les trop grandes maſ-
ſes, & ſépare des peuples, qui ne
ſont encore accoutumés ni au joug,
ni à l'union mutuelle. Alors, quelles diviſions ; quelles confuſions,
quelles anarchies irremédiables !
On n'a qu'à ſe ſouvenir des maux
qu'on faits en Occident la chûte
ſi prompte de l'Empire de CHAR-
LEMAGNE ; & en Orient le renver-
ſement de celui d'ALEXANDRE,
dont

dont les Capitaines firent encore
plus de maux pour partager ſes
dépouilles, qu'il n'en avoit fait
lui-même en ravageant l'Aſie. Voilà donc le ſyſtème le plus ébloüiſ-
ſant, le plus flateur, & le plus
funeſte, pour ceux mêmes qui
viennent à bout de l'éxécuter.

Le ſecond ſyſtème eſt d'une
Puiſſance ſupérieure à toutes les
autres, qui ſont contre elle à peu
près l'équilibre. Cette Puiſſance
ſupérieure a l'avantage contre les
autres d'être toute réunie, toute
ſimple, toute abſolue dans ſes or-
dres, toute certaine dans ſes me-
ſures. Mais à la longue, ſi elle ne
ceſſe de réunir contre elle les autres en en excitant la jalouſie, il
faut

faut qu'elle fuccombe. Elle s'é-
puife, elle eft expofée à beaucoup
d'accidens internes & imprévûs,
ou les attaques du dehors peuvent
la renverfer foudainement. De
plus, elle s'ufe pour rien , & fait
des efforts ruineux pour une fupériorité, qui ne lui donne rien
d'effectif, & qui l'expofe à toutes
fortes de deshonneurs & de dangers. De tous les Etats , c'eft certainement le plus mauvais : d'autant plus qu'il ne peut jamais abou-
tir , dans fa plus étonnante profpérité , qu'à paffer dans le premier
fyftème, que nous avons déjà re-
connu injufte & pernicieux.

Le troifieme fyfteme eft d'une
Puiffance inférieure à une autre ,
mais

mais en forte que l'inférieure, unie au refte de l'Europe, fait l'équilibre contre la fupérieure, & la sûreté de tous les autres moindres Etats. Ce fyftème a fes incommodités & fes inconvéniens : mais il rifque moins que le précédent ; parce qu'on eft fur la défenfive , qu'on s'épuife moins , qu'on a des Alliés , & qu'on n'eft point d'ordinaire, en cet état d'infériorité , dans l'aveuglement & dans la préfomption infenfée, qui menace de ruine ceux qui prévalent. On voit prefque toûjours, qu'avec un peu de tems , ceux qui avoient prévalu, s'ufent, & commencent à décheoir. Pourvû que cet Etat inférieur foit fage, modéré, ferme

me dans fes alliances , précau-
tionné pour ne leur donner aucun
ombrage , & pour ne rien faire
que par leur avis pour l'intérêt
commun, il occupe cette Puiſſance ſupérieure juſqu'à-ce qu'elle
baiſſe.

Le quatrieme ſyſtème eſt d'une
Puiſſance à peu près égale à une
autre ; avec laquelle elle fait l'é-
quilibre pour la ſûreté publique.
Etre dans cet Etat , & n'en vouloir point ſortir par ambition,
c'eſt l'Etat le plus ſage & le plus
heureux. Vous êtes l'arbitre commun. Tous vos voiſins ſont vos
amis ; du moins, ceux qui ne le
ſont pas , ſe rendent par-là ſuſpects
à tous les autres. Vous ne faites
rien,

rien, qui ne paroiſſe fait pour vos voiſins auſſi-bien que pour vos peuples. Vous vous fortifiez tous les jours. Et ſi vous parvenez, comme cela eſt preſque infaillible à la longue, par un ſage Gouvernement, à avoir plus de forces intérieures, & plus d'Alliances au dehors, que la Puiſſance jalouſe de la vôtre ; alors il faut s'affermir de plus en plus dans cette ſage modération, qui vous borne à entretenir l'équilibre & la ſureté commune. Il faut toûjours ſe ſouvenir des maux que coûtent au dedans & au dehors de ſon Etat les grandes conquêtes ; du riſque qu'il y a à les entreprendre ; qu'elles ſont ſans fruit ; & enfin, de la

va-

vanité, de l'inutilité, du peu de durée, des grands Empires, & des ravages qu'ils caufent en tombant.

Mais comme il n'eft pas permis d'efpérer, qu'une Puiffance fupérieure à toutes les autres, demeure long-tems fans abufer de cette fupériorité, un Prince bien fage & bien jufte, ne doit jamais fouhaiter de laiffer à fes Succeffeurs, qui feront, felon toutes les apparences, moins modérés que lui, cette continuelle & violente tentation d'une fupériorité trop déclarée. Pour le bien même de fes Succeffeurs & de fes Peuples, il doit fe borner à une efpece d'égalité. Il eft vrai, qu'il y a deux fortes de fupériorités. L'une ex-

I   té-

térieure, qui confiste en érendue de terres, en places fortifiées, en paffages pour entrer dans les terres de fes voifins, &c. Celle-là ne fait que caufer des tentations, auffi funeftes à foi-même qu'à fes voifins; qu'exciter la haine, la jaloufie, & les ligues. L'autre eft intérieure & folide. Elle confifte dans un peuple plus nombreux, mieux difcipliné, plus appliqué à la culture des terres & aux Arts néceffaires. Cette fupériorité, d'ordinaire, eft facile à acquérir, sûre, à l'abri de l'envie & des ligues; plus propre même que les conquêtes, & que les places fortes, à rendre un peuple invincible. On ne fauroit donc trop chercher

cher cette feconde fupériorité, ni trop éviter la premiere, qui n'a qu'un faux éclat.

Achevé de tranfcrire, à la Haie, le 30 de Mai 1720, d'après une copie faite fur une qui fortoit de l'Hôtel de Beauvillier.

F I N.

AU-

AUTRE SUPPLEMENT,

Contenant diverses maximes de saine Politique, & de sage Administration; tirées, tant des autres Ecrits de Mr. de Cambrai, que de ses simples conversations.

TOUTES les Nations de la terre ne sont que les différentes familles d'une même République, dont Dieu est le Pere commun. La loi naturelle & universelle, selon laquelle il veut que chaque famille soit gouvernée, est de préférer le bien public à l'intérêt particulier.

Si les hommes suivoient exactement cette loi naturelle, chacun

fe-

feroit , & par raifon & par amitié, ce qu'il ne fait à préfent que
par crainte ou par intérêt. Mais,
les paffions , malheureufement,
nous aveuglent, nous corrompent,
& nous empêchent ainfi de connoître & d'aimer cette grande &
fage loi. Il a fallu l'expliquer ,
& la faire éxécuter par des lois ci-
viles ; &, par conféquent , établir
une autorité fuprème , qui jugeât
en dernier reffort , & à laquelle
tous les hommes puffent avoir re-
cours, comme à la fource de l'u-
nité politique & de l'ordre civil.
Autrement , il y auroit autant de
gouvernemens arbitraires , qu'il y
a de têtes.

L'amour du peuple, le bien pu-

blic,

blic, l'intérêt général de la Société, eft donc la loi immuable &
univerfelle des Souverains. Cette
loi eft antérieure à tout Contrat.
Elle eft fondée fur la nature même,
Elle eft la fource & la regle fûre
de toutes les autres lois. Celui qui
gouverne, doit être le premier &
le plus obéiffant à cette loi pri-
mitive. Il peut tout fur les Peuples : mais, cette loi doit pouvoir
tout fur lui. Le Pere commun de
la grande famille ne lui a confié
fes enfans que pour les rendre heureux. Il veut, qu'un feul homme
ferve, par fa fageffe, à la félicité
de tant d'hommes ; & non que
tant d'hommes fervent, par leur
mifere, à flatter l'orgueil d'un feul.

Ce

Ce n'eſt point pour lui-même que Dieu l'a fait Roi. Il ne l'eſt, que pour être l'Homme des Peuples : & il n'eſt digne de la Royauté, qu'autant qu'il s'oublie réellement lui-même pour le bien public.

Le deſpotiſme tyrannique des Souverains eſt un attentat ſur les droits de la fraternité humaine. C'eſt renverſer la grande & ſage loi de la Nature, dont ils ne doivent être que les conſervateurs. Le deſpotiſme de la multitude eſt une puiſſance folle & aveugle, qui ſe forcene contre elle-même. Un Peuple, gâté par une liberté exceſſive, eſt le plus inſupportable de tous les tyrans. La ſageſſe de tout gouvernement, quel qu'il ſoit,

con-

confifte à trouver le jufte milieu
entre ces deux extrémités affreufes, dans une liberté modérée par
la feule autorité des lois. Mais les
hommes, aveugles & ennemis
d'eux-mêmes, ne fauroient fe borner à ce jufte milieu.

Trifte état de la nature humaine ! Les Souverains, jaloux de
leur autorité, veulent toûjours
l'étendre. Les Peuples, paffionnés
pour leur liberté, veulent toûjours l'augmenter. Il vaut mieux
cependant fouffrir, pour l'amour
de l'ordre, les maux inévitables
dans tous les Etats, même les
plus réglés, que de fecoüer le
joug de toute autorité, en fe li-
vrant fans cesse aux fureurs de la
mul-

multitude, qui agit fans regle &
fans loi. Quand l'autorité Souve-
raine eſt donc une fois fixée, par
les lois fondamentales, dans un
feul, dans peu, ou dans plufieurs,
il faut en fupporter les abus, fi
l'on ne peut y remédier par des
voies compatibles avec l'ordre.

Toutes ces fortes de gouvernemens font néceſſairement imparfaits, puiſqu'on ne peut confier
l'autorité fuprème qu'à des hommes. Et toutes fortes de gouvernement font bonnes, quand ceux
qui gouvernent fuivent la grande
loi du bien public. Dans la théo-
rie, certaines formes paroiſſent
meilleures que d'autres : mais dans
la pratique, la foibleſſe ou la corruption

ruption des hommes, sujets aux mêmes paſſions, expoſent tous les Etats à des inconvéniens à-peu-près égaux. Deux ou trois hommes entraînent toujours le Monarque ou le Sénat.

On ne trouvera donc pas le bonheur de la Société humaine, en changeant & en bouleverſant les formes déja établies : mais en inſpirant aux Souverains, que la ſûreté de leur Empire dépend du bonheur de leurs Sujets ; &, aux Peuples, que leur ſolide & vrai bonheur demande la ſubordination. La liberté ſans ordre eſt un libertinage, qui attire le deſpotiſme. L'ordre ſans la liberté eſt un eſclavage, qui ſe perd dans l'Anarchie.   D'un

D'un côté, on doit apprendre aux Princes , que le pouvoir fans bornes eft une frénéfie qui ruine leur propre autorité. Quand les Souverains s'accoutument à ne connoître d'autres lois que leurs volontés abfolues , ils fappent le fondement de leur puiffance. Il viendra une révolution foudaine & violente, qui, au lieu de modérer fimplement leur autorité exceffive, l'abbattra fans reffource.

D'un autre côté on doit enfeigner aux Peuples, que les Souverains étant expofés aux haines , aux jaloufies , aux bévûes involontaires , qui ont des conféquences affreufes mais imprévues , il faut plaindre les Rois & les excufer.

cuſer. Les hommes ſont à la vérité malheureux d'avoir à être gouvernés par un Roi, qui n'eſt qu'un homme ſemblable à eux : car il faudroit des Dieux pour redreſſer les hommes. Mais, les Rois ne ſont pas moins infortunés, n'étant qu'hommes, c'eſt-à-dire foibles & imparfaits, d'avoir à gouverner cette multitude innombrable d'hommes corrompus & trompeurs.

Par ces maximes, également convenables à tous les Etats, & en conſervant ainſi la ſubordination des rangs, on peut concilier la liberté du Peuple avec l'obéiſſance dûe aux Souverains, & rendre les hommes tout enſemble bons

Citoyens & fideles Sujets, foumis fans être efclaves, & libres fans être effrénés. Le pur amour de l'ordre eft la fource de toutes les vertus politiques , auffi-bien que de toutes les vertus Divines.

» Enfant de Saint Louis « difoit le fage & pieux Prélat à fon illuftre Eleve dans une de fes lettres : « imitez votre Pere. Soyez » comme lui, doux, humain, ac- » ceffible , affable , compatiffant, » & libéral. Que votre grandeur » ne vous empêche jamais de def- » cendre avec bonté jufqu'aux plus » petits, pour vous mettre à leur » place ; & que cette bonté n'af- » foibliffe jamais, ni votre auto- » rité, ni leur refpect. Etudiez fans » ceffe

» cesse les hommes. Apprenez à
» vous en servir , sans vous lier
» à eux. Allez chercher le mé-
» rite jusqu'au bout du monde.
» D'ordinaire, il demeure modeste
» & reculé. La vertu ne perce point
« la foule. Elle n'a , ni avidité ,
» ni empressement. Elle se laisse
» oublier. Ne vous laissez point
» obséder par des esprits flateurs
» & insinuans. Faites sentir , que
» vous n'aimez , ni les loüan-
» ges , ni les bassesses. Ne mon-
» trez de la confiance , qu'à
» ceux qui ont le courage de
» vous contredire avec respect ,
« & qui aiment mieux votre
» réputation , que votre fa-
» veur.

» Il

» Il eſt tems que vous montriez
» au monde une maturité, & une
» vigueur d'eſprit proportionnées
» au beſoin préſent. Saint Louis,
» à votre âge, étoit déjà les déli-
» ces des bons & la terreur des
» méchans. Laiſſez donc tous les
» amuſemens de l'âge paſſé. Fai-
» tes voir que vous penſez & que
» vous ſentez ce qu'un Prince doit
» penſer & ſentir. Il faut que les
» bons vous aiment, que les mé-
» chans vous craignent, & que
» tous vous eſtiment. Hâtez-vous
» de vous corriger, pour travail-
» ler utilement à corriger les au-
» tres.

 » La piété n'a rien de foible,
» ni de triſte, ni de gêné. Elle
       » élar-

» élargit le cœur. Elle est simple
» & aimable. Elle se fait tout à
» tous, pour les gagner tous. Le
» Royaume de Dieu ne consiste
» pas dans une scrupuleuse obser-
» vation de petites formalités, il
» consiste pour chacun dans les
» vertus propres à son état. Un
» grand Prince ne doit point ser-
» vir Dieu de la même façon qu'un
» solitaire, ou qu'un simple parti-
» culier.

» Saint Louis s'est sanctifié en
» grand Roi. Il étoit intrépide à
» la guerre, décisif dans ses Con-
» seils, supérieur aux autres par
» la noblesse de ses sentimens,
» sans hauteur, sans présomption,
» sans dureté. Il suivoit en tout
» les

» les véritables intérêts de fa Na-
» tion, dont il étoit autant le pere
» que le Roi. Il voyoit tout de
» fes propres yeux dans les affaires
» principales. Il étoit appliqué ,
» prévoyant , modéré, droit , &
» ferme dans les négociations ; en
» forte que les étrangers ne fe
» fioient pas moins à lui que fes
» propres Sujets. Jamais Prince ne
» fut plus fage pour policer les
» peuples , & pour les rendre tout
» enfemble bons & heureux. Il ai-
» moit avec confiance & tendreffe
» tous ceux qu'il devoit aimer; mais
» il étoit ferme pour corriger ceux
» qu'il aimoit le plus. Il étoit noble
» & magnifique felon les mœurs
» de fon tems , mais fans fafte &

K   » fans

» fans luxe. Sa dépenfe qui étoit
» grande, fe faifoit avec tant d'or-
» dre, qu'elle ne l'empêchoit pas
» de dégager tout fon domaine.

» Soyez héritier de fes vertus,
» avant que de l'être de fa Cou-
» ronne. Invoquez - le avec con-
» fiance dans vos befoins. Souve-
» nez-vous que fon fang coule dans
» vos veines, & que l'efprit de foi
qui l'a fanctifié, doit être la vie
» de votre cœur. Il vous regarde
» du haut du Ciel où il prie pour
» vous, & où il veut que vous
» régniez un jour en Dieu avec
» lui. Uniffez donc votre cœur au
» fien. *Conferva , Fili mî , præ-*
» *cepta Patris tuî.* »

Au.

Autant affectionné au bonheur
du genre humain en général , qu'à
celui de fa propre Nation en particulier ; & autant ennemi de la
violence & de la perfécution ,
qu'ami fincere de la juftice & de
l'équité ; voici les fages & judi-
cieux confeils, que notre illuftre
Prélat donna au Chevalier de
Saint George, lorfqu'il fut le voir
à Cambrai en 1709. ou 10.

» Sur toutes chofes, ne forcez
» jamais vos fujets à changer leur
» Religion. Nulle Puiffance hu-
» maine ne peut forcer le retran-
» chement impénétrable de la li-
» berté du cœur. La force ne peut
» jamais perfuader les Hommes :
» elle ne fait que des hypocrites.

» Quand les Rois fe mêlent de Re-
» ligion, au lieu de la protéger, ils
» la mettent en fervitude. Accor-
» dez à tous la tolérance civile :
» non, en approuvant tout, com-
» me indifférent : mais en fouf-
» frant avec patience tout ce que
» Dieu fouffre, & en tachant de
» ramener les hommes par une
» douce perfuafion. »

Confidérez attentivement quels
font « les avantages que vous pou-
» vez tirer de la forme du gou-
» vernement de votre pays, &
» des égards que vous devez avoir
» pour votre Sénat. Ce Tribunal
» ne peut rien fans vous. N'êtes-
» vous pas affez puiffant ? Vous ne
» pouvez rien fans lui. N'êtes-

» vous

„ vous pas heureux d'être libre
„ pour faire tout le bien que vous
„ voudriez , & d'avoir les mains
„ liées quand vous voudriez faire
„ du mal? Tout Prince sage doit
„ souhaiter de n'être que l'exé-
„ cuteur des lois , & d'avoir un
„ conseil suprème qui modere son
„ autorité. L'autorité paternelle
„ est le premier modele des gou-
„ vernemens. Tout bon pere doit
„ agir de concert avec ses enfans
„ les plus sages & les plus expéri-
„ mentés. „

Le *Télémaque* où l'*utile* se trouve si industrieusement & si sage-
ment enchassé parmi l'*agréable*,
est tout rempli de semblables con-
seils, qu'il seroit extremement à
fou-

souhaiter pour le bonheur du genre humain, que les Souverains de tous les Etats vouluſſent bien écouter & ſuivre : mais qu'il ſeroit tout-à-fait ſuperflu de tranſcrire ici, vû que cet excellent ouvrage ſe rencontre actuellement partout, & entre les mains de tout le monde.

F I N.

L A

LA SAGESSE HUMAINE,

OU

LE PORTRAIT

D'UN

HONNÊTE-HOMME,

PAR LE MESME

ARCHEVESQUE DE CAMBRAI,

Imprimé en Placard, tant à l'usage de
son Diocese, que de ceux relevans
de sa Métropole.

MAXIME I.

RENDEZ *au Créateur ce que l'on doit lui rendre.*
Réfléchissez avant que de rien entreprendre
Point de Société, qu'avec d'honnêtes Gens.
Et ne vous flattez point de vos heureux Talens.

MAXIME II.

CONFORMEZ-VOUS *toujours aux Sentimens des*
autres ;
Cédez honnêtement , si l'on combat les vôtres.
Donnez attention à tout ce qu'on vous dit :
Et n'affectez jamais d'avoir beaucoup d'Esprit.

MAXIME III.

N'ENTRETENEZ *personne au-de-là de sa Sphere ;*
Et dans tous vos Discours tâchez d'être sincere.
Tenez votre Parole inviolablement ;
Et ne promettez point inconsidérément.

MAXIME IV.

SOYEZ *officieux , complaisant , doux , affable ;*
Et pour tous les Humains d'un Abord favorable.
Sans être familier , ayez un Air aisé :
Ne décidez de rien , qu'après avoir pesé.

MAXIME V.

AIMEZ *sans Intérêt ; pardonnez sans Foiblesse.*
Choisissez vos Amis avec Délicatesse :
Cultivez avec Soin l'Amitié d'un chacun.
A l'égard des Procès , n'en intentez aucun.

MAXI-

MAXIME VI.

NE vous informez pas des Affaires des autres :
Sans Affectation taisez-vous sur les vôtres.
Prêtez de Bonne-Grace, avec Discernement.
S'il faut récompenser, faites-le noblement.

MAXIME VII.

. EN quelque heureux Etat que vous puissiez pa-
roître ,
Que ce soit sans Excès , & sans vous méconnoître.
Compatissez toujours aux Disgraces d'autrui :
Supportez ses Défauts , vivez bien avec lui.

MAXIME VIII.

SURMONTEZ les Chagrins où l'Esprit s'aban-
donne.
N'usez de Raillerie envers nulle Personne.
Où la Discorde regne , apportez-y la Paix ;
Et ne vous vangez point , qu'à force de Bienfaits.

MAXIME IX.

REPRENEZ sans Aigreur , louez sans Flatterie.
Riez paisiblement , entendez Raillerie.
Estimez un chacun dans sa Profession :
Et ne critiquez rien par Ostentation.

L

MAXIME X.

NE reprochez jamais les Plaisirs que vous faites ;
Mais les mettez au Rang des Affaires secretes.
Prevenez les Besoins d'un Ami malheureux :
Sans Prodigalité montrez-vous génereux.

MAXIME XI.

MODEREZ les transports d'une Bile naissante ;
Et ne parlez qu'en Bien de la Personne absente.
Fuyez l'Ingratitude : & vivez sobrement.
Jouez pour le Plaisir , & perdez noblement.

MAXIME XII.

PENSEZ bien, parlez peu , & n'offensez Personne.
Faites toujours grand Cas de ce que l'on vous donne.
Ne tirannisez point le pauvre Débiteur :
Pour lui , comme pour vous, soyez de bonne Humeur.

MAXIME XIII. ET DERNIERE.

AU Bonheur du Prochain ne portez point d'envie ;
Et ne divulguez point ce que l'on vous confie.
Ne vous vantez de rien : gardez votre Secret.
Après quoi , mettez-vous au-dessus du Caquet.

FIN.

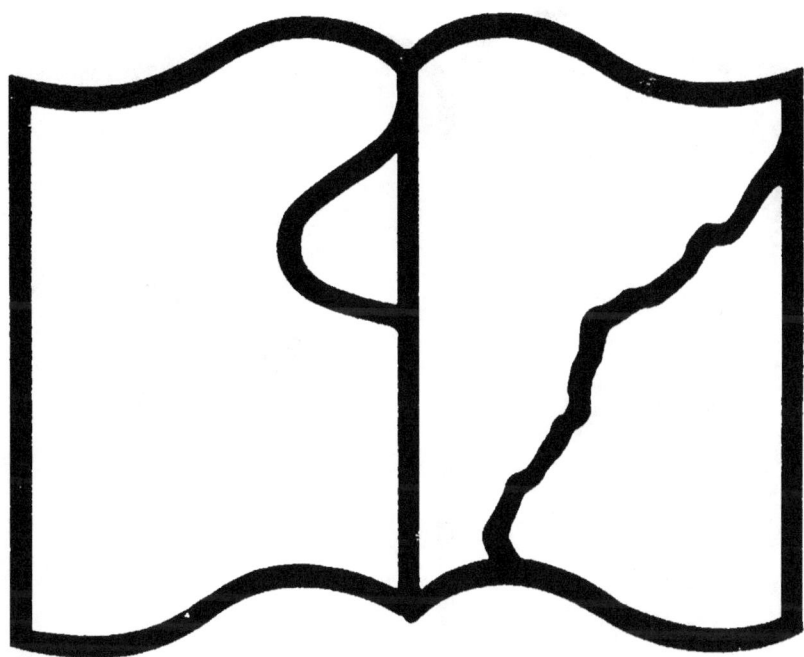

Texte détérioré — reliure défectueuse

NF Z 43-120-11

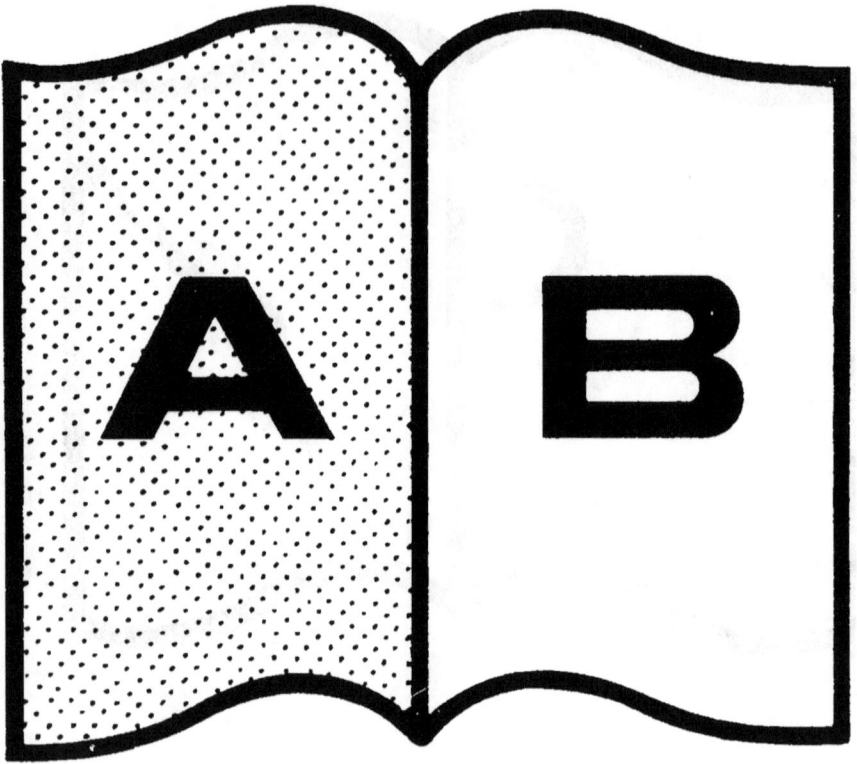

Contraste insuffisant

NF Z 43-120-14

www.ingramcontent.com/pod-product-compliance
Lightning Source LLC
Chambersburg PA
CBHW052345090426
42739CB00011B/2317